Die Pflichten der GmbH-Manager
gegenüber den Altgesellschaftern
beim Management Buy-Out

Europäische Hochschulschriften
Publications Universitaires Européennes
European University Studies

Reihe II
Rechtswissenschaft

Série II Series II
Droit
Law

Bd./Vol. 3261

PETER LANG
Frankfurt am Main · Berlin · Bern · Bruxelles · New York · Oxford · Wien

Renate von Tirpitz

Die Pflichten der GmbH-Manager gegenüber den Altgesellschaftern beim Management Buy-Out

PETER LANG
Europäischer Verlag der Wissenschaften

Die Deutsche Bibliothek - CIP-Einheitsaufnahme

Tirpitz, Renate / von:

Die Pflichten der GmbH-Manager gegenüber den Altgesellschaftern beim Management Buy-Out / Renate von Tirpitz. - Frankfurt am Main ; Berlin ; Bern ; Bruxelles ; New York ; Oxford ; Wien : Lang, 2001
(Europäische Hochschulschriften : Reihe 2, Rechtswissenschaft ; Bd. 3261)
Zugl.: Tübingen, Univ., Diss., 1999
ISBN 3-631-38324-X

D 21
ISSN 0531-7312
ISBN 3-631-38324-X

www.peterlang.de

Meinen Eltern

Vorwort

Diese Abhandlung lag 1998 der juristischen Fakultät der Eberhard-Karls-Universität in Tübingen als Dissertation vor.

Mein besonderer Dank gilt Herrn *Prof. Dr. Harm Peter Westermann*, der die Arbeit betreut und wohlwollend unterstützt hat. Herrn *Prof. Dr. Wolfgang Zöllner* danke ich für die rasche Erstellung des Zweitgutachtens.

Darüber hinaus danke ich besonders dem „Arbeitskreis Wirtschaft und Recht" des Stifterverbands für die Deutsche Wissenschaft für die finanzielle Förderung der Arbeit.

Sehr herzlich danke ich außerdem Herrn *Wilhelm Schlaus*, Herrn *Dr. Manfred Balz* und Herrn *Dr. Hans Richter* jeweils für ihre wertvollen Anregungen und Informationen.

Schließlich danke ich sehr herzlich Herrn *Prof. Dr. Dr. Dres.hc. Klaus J. Hopt* für die weiterführende Diskussion.

Stuttgart, im Juni 2001

Renate von Tirpitz

Inhaltsverzeichnis

Abkürzungsverzeichnis

aaO.	am angegebenen Ort
Abs.	Absatz
AcP	Archiv für civilistische Praxis
AG	Die Aktiengesellschaft (Zeitschrift); Aktiengesellschaft
AktG	Aktiengesetz
allg.	allgemeine
Alt.	Alternative
Anh.	Anhang
Anm.	Anmerkung
Aufl.	Auflage
AuslInvestmG	Gesetz über den Vertrieb ausländischer Investmentanteile und über die Besteuerung der Erträge aus ausländischen Investmentanteilen
BB	Der Betriebs-Berater (Zeitschrift)
Bd.	Band
Bekl.	Beklagter
BGB	Bürgerliches Gesetzbuch
BGH	Bundesgerichtshof
BGHZ	Entscheidungen des Bundesgerichtshofs in Zivilsachen
BMW	Bayerische Motoren Werke AG
BörsG	Börsengesetz
bzgl.	bezüglich
bzw.	beziehungsweise
DB	Der Betrieb (Zeitschrift)
DDR	Deutsche Demokratische Republik
ders.	derselbe
DM	Deutsche Mark
Einl.	Einleitung
EStG	Einkommensteuergesetz
etc.	et cetera
EWiR	Entscheidungen zum Wirtschaftsrecht (Zeitschrift)

f	folgende
ff	fortfolgende
Fn.	Fußnote
F&E	Forschung und Entwicklung
gem.	gemäß
GmbH	Gesellschaft mit beschränkter Haftung
GmbHG	Gesetz betreffend die Gesellschaft mit beschränkter Haftung
GmbHR	GmbH-Rundschau (Zeitschrift)
HGB	Handelsgesetzbuch
hM	herrschende Meinung
JuS	Juristische Schulung (Zeitschrift)
JZ	Juristenzeitung (Zeitschrift)
KAGG	Gesetz über Kapitalanlagegesellschaften
Kfz	Kraftfahrzeug
KG	Kommanditgesellschaft
LBO	Leveraged Buy-Out
Lkw	Lastkraftwagen
m. Anm.	mit Anmerkung
MBO	Management Buy-Out
MüKo	Münchener Kommentar zum Bürgerlichen Gesetzbuch
NewCo	New Company
NJW	Neue Juristische Wochenschrift (Zeitschrift)
Nr.	Nummer
OLG	Oberlandesgericht
OLGE	Die Rechtsprechung der Oberlandesgerichte auf dem Gebiete des Zivilrechts
pVV	positive Vertragsverletzung
RG	Reichsgericht

RGZ	Amtliche Sammlung von Entscheidungen des Reichsgerichts in Zivilsachen
Rspr.	Rechtsprechung
Rz.	Randziffer
S.	Seite, Satz
s.	siehe
StGB	Strafgesetzbuch
str.	streitig
st. Rspr.	ständige Rechtsprechung
u.a.	und andere
UmwG	Umwandlungsgesetz
Urt.	Urteil
US, USA	United States of America
v.	vom, von
VEB	Volkseigener Betrieb
VersR	Versicherungsrecht (Zeitschrift)
vgl.	vergleiche
Vorb., Vorbem.	Vorbemerkung
wistra	Zeitschrift für Wirtschaft, Steuer und Strafrecht
WM	Wertpapiermitteilungen (Zeitschrift)
z. B.	zum Beispiel
ZGR	Zeitschrift für Unternehmens- und Gesellschaftsrecht
ZHR	Zeitschrift für das gesamte Handels- und Wirtschaftsrecht
ZIP	Zeitschrift für Wirtschaftsrecht und Insolvenzpraxis
zit.	zitiert

Einleitung

In den letzten Jahren wurden in Deutschland immer mehr Unternehmen im Wege des Management Buy-Out (MBO) übernommen. Vor allem die Wiedervereinigung Deutschlands hat eine Vielzahl von MBO-Übernahmen nach sich gezogen. Denn die Treuhandanstalt privatisierte viele Gesellschaften in den neuen Bundesländern im Wege des MBO.

Unter einem MBO versteht man eine Form des Unternehmenskaufs, als deren Resultat leitende Persönlichkeiten eines Unternehmens entweder allein oder zusammen mit anderen die Anteile der unternehmenstragenden Gesellschaft oder deren Vermögen übernehmen[1].

Bei dieser aus den USA stammenden Übernahmeform erwerben die Manager im Fall des Anteilserwerbs alle oder die überwiegende Mehrheit der Anteile „ihres" Unternehmens. Meist gründen die Manager zusammen mit Investoren als hauptsächlichen Eigenkapitalgebern speziell für die Zwecke des MBO eine eigene Gesellschaft, die sogenannte Neu-Gesellschaft oder „NewCo", die als Käuferin fungiert. Sie übernimmt entweder die Anteile an der Zielgesellschaft, dem „Target", von den Altgesellschaftern, oder das Vermögen der Zielgesellschaft. Der Anteils-erwerb wird als „share deal", der Vermögenserwerb als „asset deal" bezeichnet. Da die Käufer trotz Beteiligung eines Investors in der Regel nicht imstande oder nicht willens sein werden, wesentliche Teile des Kaufpreises selbst aufzubringen, ist es für den MBO charakteristisch, daß er zu einem sehr erheblichen Teil durch die Aufnahme von Darlehen finanziert wird. Ein Anteils- oder Unternehmenskauf mit hoher Fremdfinanzierung wird als Leveraged Buy-Out (LBO) bezeichnet[2]. Da ein MBO typischerweise überwiegend fremdfinanziert wird, findet sich die Bezeichnung „Leveraged Buy-Out" gelegentlich auch als Synonym für „Management Buy-Out".

Während die mit der Finanzierung und Besicherung zusammenhängenden Fragen, insbesondere die Problematik der verbotenen Einlagenrückgewähr, sowie steuerrechtliche Aspekte des MBO im Schrifttum bereits eingehend

---

1 Vgl. *Koppensteiner*, ZHR 155 (1991), 97, 98.

2 S. *Weber*, ZHR 155 (1991), 120, 121.

diskutiert wurden, ist bisher kaum untersucht worden, welche Pflichten die Manager gegenüber den Altgesellschaftern haben.

Diese Frage stellte sich mehrfach bei Verkäufen durch die Treuhandanstalt. In einigen Fällen wußten die Geschäftsführer der zu privatisierenden GmbH's noch aus ihrer Zeit als Direktoren der ehemaligen Volkseigenen Betriebe (VEB), daß wertvolle Gegenstände im Unternehmen vorhanden waren. Um den Kaufpreis möglichst niedrig zu halten, gaben sie ihr Wissen nicht an die Mitarbeiter der Treuhandanstalt weiter. Nach Durchführung des MBO vereinnahmten sie die Zusatzgewinne für sich. Eine unzureichende Wissensweitergabe beim MBO ist jedoch nicht auf die Treuhand-Privatisierungen begrenzt, sondern kann auch bei allen anderen MBO-Übernahmen vorkommen.

Solche Fälle gaben Anlaß zu der Überlegung, ob die Altgesellschafter Schadensersatz verlangen können, wenn die Manager ihnen im Rahmen eines MBO nicht ihr sämtliches Wissen über das Unternehmen uneingeschränkt offenbaren und daher der Kaufpreis aus der Sicht der Altgesellschafter zu niedrig ausfällt.

Diese Fragestellung wurde bisher kaum erörtert. Soweit ersichtlich, kam sie eingehend nur in zwei Vorträgen zur Sprache, die *Koppensteiner* und *Weber* auf dem ZHR-Symposion über Gesellschaftsrecht im Januar 1991 in Bad Nauheim hielten und die den Abhandlungen von *Koppensteiner*[3] und *Weber*[4] zugrunde liegen. In der Diskussion, die sich auf dem ZHR-Symposion den Vorträgen von *Koppensteiner* und *Weber* anschloß, wurde ebenfalls auf die Fragestellung eingegangen[5].

Diese Fragestellung ist Gegenstand der vorliegenden Arbeit.

Die Altgesellschafter können auch durch andere Maßnahmen der Manager geschädigt werden. Hier stellt sich in gleicher Weise die Frage nach Schadensersatzansprüchen. Auch diese Frage wird in dieser Arbeit untersucht.

---

3 ZHR 155 (1991), 97 ff.

4 ZHR 155 (1991), 120 ff.

5 S. Diskussionsbericht, ZHR 155 (1991), 163, 166 f.

Ersatzansprüche der Altgesellschafter setzen voraus, daß die Manager Aufklärungs- und sonstige Pflichten unmittelbar gegenüber den Altgesellschaftern haben. Diese Pflichten erfordern genauere Überlegungen.

Die Schwierigkeiten beruhen hier zum einen darauf, daß die Vorschriften des Gesellschaftsrechts das Verhältnis zwischen Geschäftsführer und Gesellschaft, kaum aber das Verhältnis des Geschäftsführers zu den Gesellschaftern regeln. Die Besonderheit in den MBO-Fällen liegt aber darin, daß bei den Altgesellschaftern ein selbständiger Schaden entsteht, während die Gesellschaft nicht unbedingt geschädigt wird. Zum anderen bewegt sich die Frage nach den Manager-Pflichten beim MBO im Schnittfeld so unterschiedlicher Rechtsgebiete wie dem Kaufrecht einerseits, dem Gesellschaftsrecht andererseits und schließlich dem Delikts- und dem allgemeinen Bürgerlichen Recht.

Ziel der Arbeit ist es daher zu untersuchen, ob und in welchem Umfang Aufklärungs- und sonstige Pflichten unter Berücksichtigung der jeweils gegensätzlichen Interessen von Managern und Altgesellschaftern bestehen. Die Untersuchung beschränkt sich auf die GmbH als den häufigsten Gegenstand eines MBO.

Der Gang der Darstellung gestaltet sich wie folgt:

Als Grundlage der hier interessierenden Problemkreise wird im 1. Kapitel zunächst ein einführender Überblick über die Strukturen eines MBO gegeben. Daran schließt sich eine Darstellung der gegensätzlichen Interessen von Managern und Altgesellschaftern beim MBO an.

Das 2. Kapitel beschreibt einleitend die Pflichten der Manager gegenüber der Zielgesellschaft. Sodann wird untersucht, woraus Aufklärungs- und sonstige Pflichten gegenüber den Altgesellschaftern dogmatisch begründet werden können. In diesem Zusammenhang wird auf mögliche Anspruchsgrundlagen und den Umfang von Schadensersatzansprüchen eingegangen.

Die dort gewonnenen Ergebnisse werden schließlich im 3. Kapitel für die praktische Rechtsanwendung konkretisiert, indem Kriterien für den Umfang der Aufklärungspflicht entwickelt werden.

1. Kapitel Management Buy-Out (MBO) - ein Überblick

A. Problemstellung und Strukturen eines MBO

I. Die Pflichtenproblematik

Die Treuhandanstalt privatisierte nach der Wiedervereinigung Deutschlands zahlreiche Gesellschaften in den neuen Bundesländern im Wege eines Management Buy-Out (MBO). Dabei war die Treuhandanstalt die Gesellschafterin der GmbH's, die zu DDR-Zeiten Volkseigene Betriebe gewesen waren. In einer Reihe von MBO-Fällen wurde die Treuhandanstalt massiv durch die Geschäftsführer der GmbH's geschädigt. Nachfolgend werden einige Beispiele geschildert[6].

1. Ein zu privatisierendes Hochbauunternehmen hatte von der Bundesrepublik Deutschland den Auftrag erhalten, 500 Häuser zu bauen. Die Häuser waren fertiggestellt, jedoch noch nicht baurechtlich abgenommen. Zum Stichtag 30.9.1991 wurde eine Bilanz erstellt, in der die Häuser auf der Grundlage des Niederstwertprinzips mit den angefallenen Kosten für Löhne und Material bewertet wurden. Das war handelsrechtlich zulässig: Vor der Abnahme darf zu den angefallenen Kosten bilanziert werden; nach der Abnahme ist der Verkehrswert der Häuser zu bilanzieren. Wenige Tage nach dem festgelegten Stichtag wurden die Häuser abgenommen und der Bundesrepublik Deutschland in Rechnung gestellt. Danach begannen die Kaufpreisverhandlungen der Manager mit der Treuhandanstalt, wobei der Kaufpreis auf der Grundlage der geprüften Werte der Bilanz vereinbart wurde. Der Kaufpreis betrug 1,- DM. Der MBO-Kaufvertrag wurde im Januar 1992 rückwirkend auf den 30.9.1991 abgeschlossen. Vor Vertragsabschluß hatte die Bundesrepublik Deutschland bereits den gesamten Rechnungsbetrag be-

---

6 Die Beispiele wurden vom ehemaligen Chefjustitiar der Treuhandanstalt, Herrn *Dr. Manfred Balz*, sowie von weiteren ehemaligen Mitarbeitern der Treuhandanstalt, unter anderem Herrn *Dr. Hans Richter*, in diversen Gesprächen geschildert.

zahlt. Die Differenz zwischen Rechnungs- und bilanziellem Wert war ein Betrag in zweistelliger Millionenhöhe. Hätten die Manager die Mitarbeiter der Treuhandanstalt darauf hingewiesen, was sich in Wirklichkeit hinter den Bilanzpositionen verbarg, hätte die Treuhandanstalt einen weitaus höheren Kaufpreis gefordert. Hier stellte sich die Frage, ob die Manager eine Informationspflicht hatten und die Treuhandanstalt demgemäß den Differenzbetrag als Schadensersatz wegen Pflichtverletzung verlangen könne.

2. Bei der Privatisierung des Verlages Kiepenheuer gingen die Mitarbeiter der Treuhandanstalt davon aus, daß sich in den Verlagsarchiven nur wertlose Manuskripte von unbedeutenden DDR-Autoren befanden. Auf dieser Grundlage wurde der Kaufpreis vereinbart. Die Geschäftsführer wußten aus ihrer Zeit als Direktoren des ehemaligen Volkseigenen Betriebs, daß zahlreiche unveröffentlichte Manuskripte des inzwischen berühmt gewordenen Schriftstellers Josef Roth vorhanden waren. Nachdem sie den Verlag im Wege des MBO übernommen hatten, verkauften sie die Manuskripte zu einem hohen Preis. Hätten die Geschäftsführer die Treuhandanstalt vor dem MBO über diese Manuskripte informiert, wäre auch hier ein entsprechend höherer Kaufpreis vereinbart worden. Auch hier stellte sich die Frage nach einer Aufklärungspflicht der Manager und einem Schadensersatzanspruch der Treuhandanstalt.

3. In einigen Privatisierungsfällen waren zunächst außer den Geschäftsführern weitere Kaufinteressenten vorhanden. Im Vorfeld der Privatisierungen machten die Manager negative Äußerungen über das Unternehmen wie "Die Hälfte des Personals trinkt" oder "Die Altlasten sind in Wirklichkeit noch viel höher als bisher angenommen". Durch diese Äußerungen wurden die anderen Kaufinteressenten, die teilweise einen höheren Kaufpreis geboten hätten, abgeschreckt mit der Folge, daß die Manager als einzige Interessenten übrigblieben. In solchen Fällen ging es um die Frage, ob die Manager verpflichtet waren, "schlechtes" Verhalten zu unterlassen.

4. Manager schlossen für das Unternehmen vor dessen Privatisierung langfristige schlechte Verträge, beispielsweise Pachtverträge, mit Freunden oder Familienangehörigen. Damit konnten die Manager den MBO-Kaufpreis senken. Außerdem wurden andere Investoren ferngehalten. Wenn etwa bei der Privatisierung von Interhotel ein solcher Pachtvertrag nicht als sittenwidrig hätte annulliert werden können, wäre Interhotel praktisch unverkäuflich gewesen. In derartigen Situationen ging es um eine Pflicht, "schlechtes" Management zu unterlassen.

5. Unternehmen wurden vor dem MBO systematisch "ausgehöhlt", indem gewinnbringende Bereiche auf selbständige Gesellschaften, vor allem Einkaufs- und Verkaufsgesellschaften, die auf seiten der Käufer standen, ausgelagert wurden. Die entstehenden Gewinne wurden dort festgehalten, während sich die Verluste der zu privatisierenden Unternehmen vergrößerten. Dadurch konnte der Ertragswert der Unternehmen auf Null gesenkt werden. Die Manager hatten so die Möglichkeit, einen sehr niedrigen MBO-Kaufpreis zu erzielen. Auch hier ging es um die Unterlassung von "schlechtem" Management.

In einigen der geschilderten Beispielsfälle sowie in weiteren ähnlichen Vorgängen wurde neben der zivilrechtlichen Haftung auch die strafrechtliche Verantwortung der Manager untersucht. Die Schwerpunkt-Staatsanwaltschaften für Wirtschaftskriminalität befaßten sich intensiv mit derartigen Vorgängen und versuchten, ein solches schädigendes Verhalten der Manager als Betrug (§ 263 StGB) oder als Untreue (§ 266 StGB) zu verfolgen.

Die geschilderten Beispiele machen deutlich, daß bei Privatisierungen durch die Treuhandanstalt im Wege des MBO schädigende Handlungen durch die Manager gehäuft vorkamen. Das mag einerseits durch das erforderliche Privatisierungstempo, andererseits durch die Verlockungen, schnell ein Vermögen zu verdienen, begünstigt worden sein. Aber auch bei allen anderen MBO-Übernahmen sind die Gesellschafter der Gefahr solcher schädigenden Handlungen durch die Manager ausgesetzt. Daher stellt sich die Frage nach den Pflichten der GmbH-Manager gegenüber den Altgesellschaftern generell für alle MBO's.

II. Wichtigste Konstellationen beim MBO einer GmbH

Die Pflichten der GmbH-Manager gegenüber den Altgesellschaftern lassen sich nicht isoliert, sondern nur im Zusammenhang mit den Vorgängen bei einem Management Buy-Out betrachten. Zunächst soll deshalb ein Überblick über diese Vorgänge gegeben werden.

Jedes Buy-Out-Verfahren hat seine Besonderheiten. Betrachtet man jedoch die Grundstrukturen der MBO's, so lassen sich einige wenige Grundmodelle erkennen, auf denen jede Übernahme aufgebaut ist.

Da die Mehrzahl der durch MBO übernommenen Unternehmen die Rechtsform der GmbH hat, beschränkt sich die vorliegende Untersuchung auf diesen praktisch wichtigsten Unternehmenstyp.

1. Anteilserwerb und Vermögenserwerb

Für den Erwerb eines Unternehmens im Wege des MBO sind zunächst einmal verschiedene Übernahmekonstruktionen denkbar[7]. Wird ein Unternehmen von einer Gesellschaft betrieben, so können die Manager die Anteile an dieser Gesellschaft erwerben (Anteilskauf, share deal). Sie können aber auch direkt das Unternehmen als solches übernehmen, also die Gesamtheit seiner Aktiva und Passiva einschließlich Firma, Goodwill, Kundenstamm und Know-how (Unternehmenskauf, Vermögenskauf, Asset-Erweb, asset deal).

Veräußerer sind im ersten Fall die bisherigen Gesellschafter (Altgesellschafter)[8]. Die Gesellschaft (Zielgesellschaft, Target) bleibt Betreiberin des Unternehmens. Ihr Vermögen sowie ihre Verbindlichkeiten bestehen unverändert fort. Lediglich der Bestand ihrer Gesellschafter ändert sich in der Weise, daß die Manager an die Stelle der Altgesellschafter treten. Der Kauf der Gesellschaftsanteile, also etwa der GmbH-Anteile oder Aktien, ist Rechtskauf[9].

Im zweiten Fall tritt als Veräußerer die das Unternehmen betreibende Gesellschaft selbst auf. Der Bestand ihrer Gesellschafter ändert sich nicht. Jedoch wird das Unternehmen nunmehr von den Managern betrieben. Diese haften bei Firmenfortführung nach § 25 HGB. Ein gewisser Nachteil dieses Vermögenserwerbs liegt darin, daß über sämtliche den Unternehmensgegen-

---

7 Einen Überblick über mögliche Konstruktionen geben z. B. *Assmann/Schütze (Otto)*, Handbuch, § 26, Rz. 127 ff; *Gondesen*, WM 1989, 201, 203 f.

8 Zur Veräußerbarkeit eines Gesellschaftsanteils einer Personengesellschaft vgl. *Baumbach/Hopt*, HGB, § 105, Rz. 69; *Heymann (Emmerich)*, HGB, § 109, Rz. 33 ff.

9 Allerdings richtet sich die Mängelgewährleistung nach Sachmängelrecht (§§ 459 ff BGB), wenn - wie beim MBO - alle oder nahezu alle Gesellschaftsanteile verkauft werden, s. BGHZ 65, 246, 251 f; *Baumbach/Hopt*, HGB, § 105, Rz. 73. Die Rspr. stellt für die Frage, wann "nahezu alle" Anteile verkauft werden, darauf ab, ob der oder die Käufer mit dem Kauf eine beherrschende Stellung erwerben, vgl. BGH, WM 1970, 819, 821; BGHZ 65, 246, 251.

stand bildenden Sachen, Rechte und sonstigen wirtschaftlichen Werte unter Beachtung des sachenrechtlichen Bestimmtheitsgrundsatzes einzeln verfügt werden muß[10].

Häufig treten die Manager jedoch nicht persönlich als Erwerber auf, sondern gründen speziell zum Zweck der Übernahme eine neue Gesellschaft (Neu-Gesellschaft), die ihrerseits entweder die Anteile an der Zielgesellschaft oder das von dieser betriebene Unternehmen erwirbt. Als Rechtsform der Neu-Gesellschaft kommt in Deutschland hauptsächlich die GmbH in Betracht, seltener eine haftungsbeschränkte Personengesellschaft. Die GmbH bietet vor allem eine Reihe steuerlicher Vorteile[11]. Da auch in den USA die Buy-Out-Holding regelmäßig eine Corporation ist, die abgekürzt "NewCo" genannt wird, wird die amerikanische Abkürzung in Deutschland oft allgemein für die Neu-Gesellschaft verwendet. Im folgenden wird von einer GmbH als Neu-Gesellschaft (Neu-GmbH) ausgegangen, soweit nicht ausdrücklich etwas anderes gesagt wird.

Da die Manager regelmäßig nicht über den erforderlichen Kaufpreis verfügen, werden MBO's meist unter Einsatz eines hohen Fremdkapitalanteils durchgeführt. Eine 100-prozentige Fremdfinanzierung empfiehlt sich allerdings schon aus Gründen der Risikobegrenzung nicht. Doch auch der prozentual geringe Eigenkapitalanteil ist oft immer noch so groß, daß die Manager nicht in der Lage sind, das gesamte notwendige Eigenkapital der Neu-GmbH aufzubringen. Deshalb beteiligt sich meist noch eine Venture Capital-Gesellschaft oder eine Investmentbank als Gesellschafterin an der Neu-GmbH.

---

10 Die Mängelgewährleistung richtet sich, obwohl das Unternehmen keine "Sache" ist, auch hier nach Sachmängelrecht (§§ 459 ff BGB), s. *Baumbach/Hopt*, HGB, Einl. v. § 1, Rz. 46.

11 Beträgt die Beteiligungsquote pro Manager maximal 25 %, so können die etwa eingetretenen Wertsteigerungen im Fall der Veräußerung der Anteile steuerfrei vereinnahmt werden (§ 17 EStG) . Außerdem können die GmbH-Gesellschafter regulieren, ob bei ihnen selbst steuerpflichte Erträge anfallen, indem sie entsprechende Beschlüsse über Ausschüttung/Nichtausschüttung fassen.

2. Finanzierung und Besicherung

Problematisch ist bei jedem MBO die Besicherung der zur Finanzierung der Übernahme aufgenommenen Kredite. Ist das Target eine GmbH, so bestehen unterschiedliche Gestaltungsmöglichkeiten zur Überwindung dieser Schwierigkeiten.

Erwirbt die Neu-GmbH die Gesellschaftsanteile, so stellen die übernommenen Anteile das überwiegende Vermögen der Neu-GmbH dar. Sie wird es aber kaum als Kreditunterlage einsetzen können, da die Verpfändung der Anteile von den Kreditgebern in den seltensten Fällen als Sicherheit akzeptiert wird. Denn der Anteils-Pfandgläubiger ist strukturell nachrangig gegenüber den Gläubigern des Target[12] und würde im Konkursfall leer ausgehen.

Die Neu-GmbH wird also daran interessiert sein, ihre Kredite mit den einzelnen Vermögenswerten der Zielgesellschaft zu besichern. Wenn jedoch die Zielgesellschaft im Wege der Grundpfandrechtsbestellung, Sicherungsübereignung oder -abtretung etc. Sicherheiten zugunsten des Kreditgebers ihres Gesellschafters stellt, so kann dies gegen das Verbot der Einlagenrückgewähr (§ 30 GmbHG) verstoßen, ohne daß es auf den Zeitpunkt der tatsächlichen Inanspruchnahme ankommt[13]. In gleicher Weise problematisch ist es, wenn die Zielgesellschaft selbst der Neu-GmbH das Darlehen gewährt[14]. Denn bei einem hohen Verschuldungsgrad sowie einer ungenügenden künftigen Schuldentilgungskraft[15] der Neu-GmbH ist der Rückzahlungs-

---

12 Vgl. hierzu *Schneider*, Festschrift für Döllerer, S. 537, 539 f.

13 Str.; zwar verbietet § 30 GmbHG nur Auszahlungen an Gesellschafter - oder an Dritte für Rechnung von Gesellschaftern -, soweit dadurch das Stammkapital der Gesellschaft gemindert wird; die Stellung von Sicherheiten zugunsten des Kreditgebers eines Gesellschafters kann aber zumindest dann als "Auszahlung" angesehen werden, wenn der Regreßanspruch der Ziel-GmbH - wie häufig beim MBO - nicht vollwertig ist, s. *Baumbach/Hueck (Hueck)*, GmbHG, § 30, Rz. 18 f; *Scholz (Westermann)*, GmbHG, § 30, Rz. 31 f; *Assmann/Schütze (Otto)*, Handbuch, § 26, Rz. 104; nach *Rowedder (Rowedder)*, GmbHG, § 30, Rz. 20 ist der Verstoß gegen § 30 GmbHG unabhängig von der Vollwertigkeit des Rückgriffsanspruchs gegen die Gesellschafter.

14 Vgl. *Schneider*, Festschrift für Döllerer, S. 537, 543.

15 Die Schuldentilgungskraft hängt im wesentlichen vom zukünftigen Cash-Flow des erworbenen Unternehmens ab, da er zur Tilgung der Verbindlichkeiten verwendet werden soll, s. *Schneider*, Festschrift für Döllerer, S. 537, 543.

anspruch der Zielgesellschaft oft nicht als vollwertig anzusehen mit der Folge eines Verstoßes gegen § 30 GmbHG.

Diese Schwierigkeiten treten dagegen nicht auf, wenn die Neu-GmbH das Vermögen der Ziel-GmbH erwirbt. Dann können übernommene unbelastete Aktiva als Sicherheiten verwendet werden. Allerdings können neben den etwa durch die Einzelübertragung von Grundstücken ausgelösten Beurkundungskosten Schwierigkeiten entstehen, wenn Gläubiger dem Übergang von Verbindlichkeiten oder Verträgen nach §§ 415, 416 BGB widersprechen. Außerdem werden dieser Gestaltung häufig steuerliche Interessen des Veräußerers entgegenstehen[16].

Da aus steuerlichen Gründen also oft ein Anteilserwerb günstiger ist, andererseits die Neu-GmbH, um Kreditunterlagen ohne Verstoß gegen § 30 GmbHG zu erlangen, die Vermögensgegenstände erwerben will, werden beim MBO einer GmbH häufig Anteils- und Vermögenserwerb kombiniert[17]. Zunächst erwirbt die Neu-GmbH die Gesellschaftsanteile. Dadurch entstehen zwei verbundene Unternehmen (§§ 15, 16 AktG). Anschließend werden die Vermögensmassen von Target und Neu-GmbH vereinigt. Dies kann dadurch geschehen, daß die verbundenen Unternehmen nach § 2 Nr. 1 UmwG zu einer Gesellschaft verschmolzen werden. So erlangt die Neu-GmbH ohne Verstoß gegen § 30 GmbHG im Wege der Gesamtrechtsnachfolge auch die Aktiva des Target. Die Verschmelzung hat allerdings ihrerseits für die Buy-Out-Gruppe einige bedeutsame zivilrechtliche[18] und steuerliche[19] Nachteile. Deshalb wird die Verschmelzung meist dadurch ersetzt, daß die Neu-GmbH die Vermögensgegenstände der Zielgesellschaft durch Einzelübertragung erwirbt und danach die Zielgesellschaft liquidiert wird.

---

16 Eingehend *Assmann/Schütze (Otto)*, Handbuch, § 26, Rz. 146 ff. Während der Gewinn aus der Veräußerung einer wesentlichen Beteiligung (mehr als 25 %) gem. §§ 17, 34 EStG nur dem ermäßigten Steuersatz unterliegt und außerdem gewerbesteuerfrei ist, ist hier der von der Zielgesellschaft erzielte Veräußerungsgewinn weder bei ihr noch - bei anschließender Liquidation - auf der Ebene ihrer Gesellschafter steuersatzbegünstigt; darüber hinaus unterliegt er der Gewerbesteuer.

17 Zu den steuerlichen Überlegungen und Besonderheiten bei Unternehmenskäufen in den neuen Bundesländern s. *Lennardt/Stefanovic*, S. 47 ff.

18 Nach § 22 UmwG können die Gläubiger des Target bei Glaubhaftmachung einer Gefährdung ihrer Ansprüche Sicherheitsleistung verlangen. Aus §§ 25 - 27 UmwG können sich Schadensersatzansprüche gegen die Manager ergeben.

19 S. im einzelnen *Assmann/Schütze (Otto)*, Handbuch, § 26, Rz. 129, 131.

3. Exkurs: Personengesellschaft als Target

Ist das Target eine Personengesellschaft, so sehen die Übernahmekonstruktionen ganz anders aus. Will die Neu-GmbH die Anteile am Target erwerben, stehen ihr zwei Wege zur Verfügung. Entweder tritt die Neu-GmbH der Personengesellschaft als neue Gesellschafterin bei; anschließend scheiden alle alten Gesellschafter aus mit der Folge, daß das Vermögen des Target im Wege der Anwachsung (§§ 738 BGB, 142 HGB) auf die Neu-GmbH übergeht und das Target mangels weiterer Gesellschafter von selbst erlischt. Oder die Altgesellschafter übertragen durch Rechtsgeschäft all ihre Anteile auf die Neu-GmbH, was ebenfalls das Erlöschen der Personengesellschaft zur Folge hat.

III. Hauptanwendungsfälle des MBO

Als potentielle Übernahmeobjekte sind drei Unternehmenstypen hervorzuheben, bei denen ein Management Buy-Out in Betracht kommt.

1. Familienbetrieb ohne Nachfolger in der Familie

Zunächst einmal ist an Familiengesellschaften zu denken, die vor einem Generationswechsel stehen. Vor allem bei Unternehmern der Nachkriegsgründer-Generation kam es in den letzten Jahren immer wieder vor, daß es in der Familie keinen geeigneten Nachfolger gab oder daß die Nachfolger nicht in der Lage oder bereit waren, das Unternehmen fortzuführen. Hier können die Alteigentümer bzw. deren Erben das Unternehmen an das angestellte Management verkaufen, wenn sie es nicht vollständig "in fremde Hände" geben wollen[20].

---

20 *Gondesen*, WM 1989, 201, 202.

2. Konzern veräußert Tochtergesellschaft

Der zweite Unternehmenstyp umfaßt Tochtergesellschaften oder Betriebsteile von Konzernen, von denen diese sich trennen wollen, weil sie nicht mehr in das Unternehmenskonzept eines "back to basics" passen. Damit korrigierten insbesondere US-Konzerne mit Töchtern in Deutschland ihre frühere Diversifizierungspolitik[21].

3. Privatisierungen durch die Treuhandanstalt

Die dritte Gruppe wird gebildet durch die ehemaligen DDR-Staatsbetriebe, die durch die Treuhandanstalt weitgehend privatisiert wurden. Als die Treuhandanstalt im Oktober 1990 den MBO als gleichwertige Privatisierungskonzeption in die Leitlinien ihrer Geschäftspolitik übernahm, war einerseits die Möglichkeit gefunden, das Privatisierungstempo zu erhöhen, und andererseits eine wichtige Grundlage für die Förderung eines ökonomischen Mittelstandes in den neuen Bundesländern geschaffen. Bis 30.6.1993 wurden 2.364 Betriebe oder Betriebsteile im Wege des MBO verkauft[22].

B. Interessenkonflikt Manager - Altgesellschafter

I. Gegensätzliche Interessen

Die Manager der Zielgesellschaft, bei der GmbH also die Geschäftsführer, können bei der Vorbereitung und Durchführung eines MBO in eine schwierige Lage kommen. Denn sie sind Angestellte des Zielunternehmens und als solche verpflichtet, dessen Interessen und die seiner Anteilseigner wahrzunehmen. Gleichzeitig sind sie als Käufer bzw. Mitglieder der Buy-Out-Gruppe daran interessiert, einen für die Käuferseite möglichst günstigen Vertrag zu schließen. Da die von den Altgesellschaftern einerseits und den

---

21 Näher dazu *Hitschler*, BB 1990, 1877, 1879; *Hauschka*, BB 1987, 2169, 2171 f; *Koppensteiner*, ZHR 155 (1991), 97, 98.

22 *Rojan*, PERSONAL 1993, 524 (Heft 11).

Käufern andererseits verfolgten Interessen typischerweise genau gegensätzlich sind, ist ein Interessenkonflikt für die Manager kaum vermeidbar.

1. Geheimhaltung von Unternehmensinterna

Dies zeigt sich bereits bei der Vorbereitung eines schlüssigen MBO-Konzeptes. Geht die Initiative zur Übernahme von den Managern aus, so werden diese im Normalfall den Anteilseignern ihre Absichten erst dann mitteilen, wenn prinzipiell feststeht, daß der Buy-Out überhaupt durchführbar ist, und wenn jedenfalls in Grundzügen ein schlüssiges Konzept vorliegt[23]. Zur Gewinnung der übrigen Mitglieder der Buy-Out-Gruppe sowie der kreditgebenden Finanzierungsinstitute kann es bereits in diesem Stadium notwendig sein, an diese interne, nicht öffentliche Informationen weiterzugeben[24]. Die Zielgesellschaft und deren Anteilseigner hingegen sind daran interessiert, daß die angestellten Manager alle nicht öffentlichen Unternehmensinterna geheimhalten.

Dieser Interessenkonflikt zwischen Geheimhaltung einerseits und Weitergabe andererseits spitzt sich noch zu bei der detaillierten Ausarbeitung des Übernahmekonzepts, da nun in jedem Fall die beteiligten Finanzinstitute umfangreiche interne Informationen bekommen wollen.

2. Kaufpreis

Während die Altgesellschafter - unabhängig vom Motiv ihres Verkaufs - einen möglichst hohen Kaufpreis erzielen wollen, hängt für die Manager der Erfolg eines Buy-Out und damit der Umfang ihrer zukünftigen Gewinne nicht zuletzt von einem möglichst niedrigen Kaufpreis ab. Dieser Interessengegensatz trat auch bei den MBO-Verkäufen durch die Treuhandanstalt - wenn auch in abgemilderter Form - zutage. Zwar war für die Treuhandanstalt ein wesentliches Kriterium für den Zuschlag die Zusage über die Arbeitsplatzsicherung[25]. Außerdem existierten Alternativen wie "Verkauf an

23 *Koppensteiner*, ZHR 155 (1991), 97, 100.

24 *Hauschka*, BB 1987, 2169, 2175.

25 S. zur Arbeitsplatzerhaltung mittels MBO *Lennardt/Stefanovic*, S. 34.

ein anderes Unternehmen" oder "Nichtverkaufen" für die Treuhandanstalt häufig überhaupt nicht, so daß sie ihrem gesetzlichen Auftrag zur Privatisierung nur nachkommen konnte, indem sie einem MBO zustimmte[26]. Aber auch die Höhe des Kaufpreises war für sie insofern von Bedeutung, als sie zumindest einen dem Wert des Unternehmens entsprechenden Kaufpreis erzielen wollte[27]. Auf der anderen Seite war nach einer im Auftrag des Bundeswirtschaftsministeriums erstellten Studie[28] der ISG Sozialforschung und Gesellschaftspolitik GmbH, Köln, für viele MBO-Manager nicht das Streben nach größtmöglichem Gewinn das Hauptmotiv für den Buy-Out, sondern der Erhalt von Arbeitsplätzen (76 % der Manager) und die Sicherung des eigenen Arbeitsplatzes (54 % der Manager; Mehrfachnennungen). Lediglich für 34 % der Manager war der Wunsch ausschlaggebend, selbständiger Unternehmer zu sein. Dennoch gab es - wie die beschriebenen Fälle des Hochbauunternehmens und des Verlags Kiepenheuer[29] zeigen - auch bei den Buy-Outs in den neuen Bundesländern Manager, die aufgrund eines niedrigen Kaufpreises schnell Gewinne erzielen wollten. Daher ist der Interessengegensatz hinsichtlich des Kaufpreises typisch für alle beschriebenen[30] Hauptfallgruppen des MBO.

In diesem Zusammenhang ist auf einen Sonderfall hinzuweisen, in dem der Interessengegensatz nur eingeschränkt zutage tritt. Es gibt Fälle der Unternehmensnachfolge, in denen die Familiengesellschafter bewußt an die Manager verkaufen, weil diese die Fachleute sind. Das Hauptmotiv der Altgesellschafter ist dann nicht die Erzielung eines hohen Kaufpreises, sondern die Fortführung des Unternehmens durch die bewährten Personen. Da in solchen Fällen die Pflichtenlage verschoben sein kann, gilt die vorliegende Arbeit dort unter Umständen nur eingeschränkt. Der Umfang ihrer Geltung für derartige Fälle hängt in hohem Maße davon ab, inwieweit die Altgesellschafter im Einzelfall einen etwas niedrigeren Preis in Kauf nehmen und daher angesichts ihrer besonderen Verkaufsmotive und -kriterien nur bedingt schutzwürdig sind. Im Rahmen der vorliegenden Arbeit wird hierauf nicht

---

26 Vgl. *Lütjen*, S. 47.

27 Vgl. zur Orientierung der Treuhandanstalt am Substanzwert der Unternehmen *Rojan*, PERSONAL 1993, 524, 526 (Heft 11).

28 ISG Sozialforschung und Gesellschaftspolitik GmbH, Köln, MBO/MBI in den neuen Bundesländern, S. 79 f, zitiert und ausgewertet bei *Rojan*, PERSONAL 1993, 524, 525 ff (Heft 11).

29 S. oben A, I 1 und 2.

30 S. oben A, III.

näher eingegangen. Im folgenden soll von dem Normalfall eines uneingeschränkten Interessengegensatzes hinsichtlich des Kaufpreises ausgegangen werden.

II. Handlungen, durch die die Manager ihre eigenen Interessen voranstellen können

Im Interessenkonflikt zwischen Altgesellschaftern und Managern können letztere versucht sein, ihre Stellung als Geschäftsführer der Ziel-GmbH zu vernachlässigen, wenn nicht sogar zu mißbrauchen, und statt dessen einseitig ihre eigenen Interessen zu verfolgen. Dies kann durch unterschiedliche Handlungsweisen geschehen.

1. Unzureichende Geheimhaltung

Zunächst ist der Fall zu nennen, daß die Geschäftsführer bei der Anbahnung von Kontakten zu möglichen Buy-Out-Partnern den in Betracht kommenden Finanzierungsinstituten umfassende Geschäftsgeheimnisse, die ihnen in ihrer Funktion als Geschäftsführer bekannt sind, mitteilen, ohne die vorherige Zustimmung der Zielgesellschaft oder ihrer Gesellschafter einzuholen. Doch auch wenn die Anteilseignerseite über den geplanten Buy-Out Bescheid weiß und eine entsprechende Zustimmung erteilt hat, bedeutet das noch nicht ohne weiteres, daß auch alle wichtigen Geschäftspapiere an die übrigen Mitglieder der Buy-Out-Gruppe weitergegeben werden dürfen[31]. Sowohl die eigenmächtige Offenbarung nicht offenkundiger Tatsachen als auch die unerlaubte Verwendung von Geschäftspapieren können die Interessen der Ziel-GmbH erheblich beeinträchtigen. Andererseits ist zu berücksichtigen, daß die Manager auch gegenüber ihren Vertragspartnern auf der Käuferseite Pflichten unterliegen[32]. So erwarten die Buy-Out-Partner, nach der

---

31 *Assmann/Schütze (Otto)*, Handbuch, § 26, Rz. 80.

32 Zu den Rechtsverhältnissen der Neu-GmbH, die in der Gründungsphase zunächst Vorgründungsgesellschaft, dann Vorgesellschaft ist, s. *Weber*, ZHR 155 (1991), 120, 127 f; *Hauschka*, BB 1987, 2169, 2174 f.

Zustimmung durch die Verkäuferseite von den Managern umfassend informiert zu werden. Unter Umständen machen sich die Manager bei unvollständiger Information sogar gegenüber ihren Partnern schadensersatzpflichtig. Die Geschäftsführer können daher versucht sein, die - nicht immer einfach zu ziehende - Grenze zwischen erlaubter Weitergabe von Wissen und unerlaubter Verwendung von Geschäftspapieren zu überschreiten.

2. "Täuschen" des Eigentümers über das, was man weiß

a. *Unzureichende Information über künftige Chancen und Pläne*

Weitere Handlungsweisen, durch die die Manager ihre eigenen Interessen voranstellen können, betreffen die Höhe des Kaufpreises. Der Kaufpreis richtet sich beim MBO - ebenso wie bei einem gewöhnlichen Unternehmenskauf - nach dem Wert des Unternehmens, dessen Feststellung in der Praxis jedoch meist große Schwierigkeiten bereitet[33]. Als Grundlage für die Unternehmensbewertung kommt der Ertragswert oder aber der Substanzwert des Unternehmens in Betracht[34], wobei gelegentlich auch beide Bewertungsverfahren gemischt werden[35]. Während der Ertragswert sich nach den zukünftig erzielbaren Erträgen des Unternehmens richtet[36], wird der Substanzwert durch die im Unternehmen gegenwärtig vorhandenen Vermögenswerte bestimmt[37]. Kommen Verkäufer und Käufer überein, den Kaufpreis am Ertragswert zu orientieren, so ist eine Prognose über den künftigen Erfolg des Unternehmens aufzustellen. Nun kann es sein, daß die Geschäftsführer, die den Betrieb regelmäßig wesentlich besser kennen als die Anteilseignerseite, bestimmte Entwicklungsmöglichkeiten oder Marktchancen für das Unternehmen sehen, die die Anteilseignerseite noch nicht erkennt. Ebenso ist möglich, daß die Geschäftsführer neue Pläne für die Zukunft des Unternehmens haben. Einerseits kann die Anteilseignerseite nur die Kenntnisse haben, die ihr die Geschäftsführer vermitteln; sie ist also auf

---

33 S. zur Unternehmensbewertung umfassend *Großfeld*, S. 20 ff, 84 ff.

34 *Großfeld*, S. 20.

35 Zu den besonderen Bewertungsproblemen bei Unternehmen in den neuen Bundesländern s. *Lennardt/Stefanovic*, S. 33 ff.

36 *Großfeld*, S. 21 f; *Wollny*, Rz. 1585, 1595 ff.

37 *Piltz*, S. 34 f.

deren Informationen angewiesen. Andererseits ist jedoch folgendes zu bedenken: Wenn die Anteilseignerseite vor der Übernahme über Entwicklungs- bzw. Marktchancen unterrichtet wird oder aber Auskunft über die Pläne der Manager für künftige Gewinne erhält, wird damit der Kaufpreis in die Höhe getrieben. Darüber hinaus besteht aus Sicht der Manager die Gefahr, daß die Anteilseignerseite diese Zukunftschancen selbst wahrnehmen will und an der Übernahme gar kein Interesse mehr hat. Deshalb werden die Manager ihre eigenen Interessen voranstellen und die Verkäufer über künftige Chancen nicht unterrichten wollen. Dies gilt sowohl gegenüber den Altgesellschaftern beim Anteilserwerb als auch gegenüber der Zielgesellschaft beim Vermögenserwerb.

b. Unzureichende Information über einzelne Vermögensgegenstände

Verkäufer und Käufer können sich auch darauf einigen, den Kaufpreis nach dem Substanzwert des Unternehmens zu bestimmen. Mangels anderer Bewertungsmöglichkeiten orientierte sich etwa die Treuhandanstalt beim Verkauf der ehemaligen DDR-Betriebe zunächst am Substanzwert, der aus der DM-Eröffnungsbilanz abgeleitet wurde[38], wobei in der Realität dieser Substanzwert aufgrund der extremen Wertminderung aus DDR-Zeiten gering war[39].

Beim Substanzwertverfahren sind alle gegenwärtig vorhandenen Vermögenswerte zu berücksichtigen[40]. Zwar ist der Substanzwert nicht die bloße Summe der einzelnen Aktiva abzüglich der Passiva, sondern liegt unter Berücksichtigung von Firma, Kundenstamm, Goodwill etc. regelmäßig weitaus höher. Jedoch kann ein einzelner Vermögensgegenstand so wertvoll sein, daß er den Substanzwert wesentlich prägt. Es ist nicht ausgeschlossen und etwa im Fall der Treuhandanstalt sogar durchaus verständlich, daß die Verkäufer von der Existenz eines solchen wertvollen Gegenstandes nichts wissen oder zumindest seinen wahren Wert nicht kennen und ihn auch aus der Bilanz nicht erkennen können. Wenn sie davon ausgehen, daß nur mehr oder weniger wertlose Gegenstände zum Unternehmen gehören, werden sie mit einem sehr niedrigen Kaufpreis einverstanden sein. So erging es im Falle des

---

38 S. *Rojan*, PERSONAL 1993, 524, 526 (Heft 11).

39 *Lennardt/Stefanovic*, S. 134.

40 *Piltz*, S. 34 f.

Verlags Kiepenheuer der Treuhandanstalt, da sie annahm, nur Manuskripte von unbedeutenden DDR-Autoren befänden sich in den Verlagsarchiven. Daß auch zahlreiche Manuskripte von Joseph Roth darunter waren, wußte sie nicht. Wenn die Geschäftsführer in solchen Fällen die tatsächlichen Verhältnisse kennen, ihr Sonderwissen aber für sich behalten, um einen möglichst niedrigen Kaufpreis zu erzielen, stellen sie einseitig ihre eigenen Interessen voran. Auch dies gilt sowohl für den Anteils- als auch für den Vermögenserwerb.

c. *Bewußt falsche Information*

Schließlich ist der Fall zu nennen, daß die Manager ausdrücklich falsche Angaben über das Unternehmen machen, um den Kaufpreis zu drücken. Im Gegensatz zu den vorgenannten Fällen unzureichender Information, in denen die Handlung der Manager in einem Unterlassen besteht, geht es hier um positives Tun.

3. Schlechtreden des Unternehmens im Vorfeld

Für Manager gibt es außer durch unzureichende Geheimhaltung von Unternehmensinterna sowie unzureichende oder falsche Information der Anteilseignerseite noch weitere Möglichkeiten, einseitig ihre Interessen zu verfolgen. Besonders für die Treuhandanstalt bestand ein häufiges Problem darin, daß MBO-Manager ein Unternehmen im Vorfeld der Privatisierung "schlechtgeredet" haben durch Äußerungen wie "Die Altlasten sind in Wirklichkeit noch viel höher als bisher angenommen" oder "Die Hälfte des Personals trinkt". Dadurch wurden andere Kaufinteressen, die einen höheren Kaufpreis bezahlt hätten, abgeschreckt mit der Folge, daß die Manager als einzige Interessenten übrig blieben.

4. "Untreues" Management im Vorfeld

Ein besonders krasser Fall einseitiger Interessenverfolgung ist der, daß die Manager vor der Übernahme absichtlich die Geschäfte schlecht führen, um die Erträge zu senken[41]. Wird der Kaufpreis nach dem Ertragswertverfahren bestimmt, so fußt die aufzustellende Prognose über künftige Erträge auf den Erträgen der Vergangenheit und Gegenwart[42]. Durch absichtliche Senkung der Erträge kann das Management also auch den Kaufpreis senken. Wenn sich die Erträge der Zielgesellschaft nach der Übernahme ungewöhnlich schnell und/oder stark erhöhen, liegt der Verdacht eines solchen Verhaltens besonders nahe.

Die Treuhandanstalt begegnete vorwiegend zwei Formen von "untreuem" Management, der Periodenverschiebung in die Zukunft und der Aushöhlung des Unternehmens. Bei der Periodenverschiebung in die Zukunft wird die gute aktuelle Situation eines Unternehmens, etwa ein günstiger Vertragsabschluß, formal in die Zeit nach dem MBO geschoben. Sie geht daher nicht in die Verhandlungen über den Kaufpreis ein.

Die Aushöhlung eines Unternehmens geschieht dadurch, daß einzelne Unternehmensbereiche ausgelagert und auf selbständige Gesellschaften übertragen werden, die auf Seiten der Käufer stehen und nach dem MBO mit diesen zusammenarbeiten wollen. Bei den Treuhandunternehmen wurden vor allem der Einkauf und der Verkauf ausgelagert auf Einkaufs- bzw. Verkaufsgesellschaften. Die Treuhandunternehmen bezahlten für die externen Tätigkeiten, entließen aber nicht die Arbeitskräfte, die die Tätigkeiten vorher ausgeführt hatten. Dadurch wurden unnötige Kosten produziert, die die Verluste der Treuhandunternehmen erhöhten. Die bei den Einkaufs- und Verkaufsgesellschaften entstehenden Gewinne sind gleichzeitig den Treuhandunternehmen entzogen worden.

5. Das Sonderproblem des § 181 BGB

Im Zusammenhang mit der Möglichkeit der Manager, kraft ihrer Stellung einseitig ihre Interessen voranzustellen, ist auch § 181 BGB zu berücksichtigen.

Kraft ihrer Organstellung im Zielunternehmen werden die Manager für dieses tätig und vertreten es bei Vertragsabschlüssen. Gleichzeitig stehen sie

---

41 Vgl. *Assmann/Schütze (Otto)*, Handbuch, § 26, Rz. 82.

42 *Großfeld*, S. 45; *Piltz*, S. 19.

beim MBO auf der Käuferseite, und zwar entweder direkt als Käufer in dem Fall, daß die Buy-Out-Partner keine Neu-GmbH gründen, oder aber als Geschäftsführer der Neu-GmbH. Denn die Geschäftsführer der Ziel-GmbH werden meist auch Geschäftsführer der Neu-GmbH[43]. Das Management ist also an dem Kaufvertrag auf beiden Seiten beteiligt, so daß ein nach § 181 BGB verbotenes Insichgeschäft vorliegen kann.

Zu beachten ist allerdings, daß nur dann ein Insichgeschäft vorliegt, wenn die Ziel-GmbH tatsächlich Vertragspartner ist, also nur beim MBO durch Vermögenserwerb. Dabei ist gleichgültig, ob dem Vermögenserwerb der Anteilserwerb an der Ziel-GmbH vorausgeht oder ob es sich um einen isolierten Vermögenserwerb handelt. Da hingegen beim Anteilserwerb als Verkäufer die Altgesellschafter selbst auftreten, findet hier eine organschaftliche Vertretung durch die Geschäftsführer auf der Verkäuferseite nicht statt, so daß sich das Problem des § 181 BGB nicht stellt.

Ein MBO durch Vermögenserwerb unter Beteiligung des Managements auf beiden Seiten ist also ein Insichgeschäft, dessen Zulässigkeit sich nach § 181 BGB beurteilt. Da beim MBO keine Verpflichtung zum Abschluß des Kaufvertrages besteht, wird mit dem Unternehmenskauf keine Verbindlichkeit erfüllt. Die Zulässigkeit des Insichgeschäfts kann sich daher nicht aus dem letzten Halbsatz des § 181 BGB ergeben, sondern allenfalls daraus, daß es den Geschäftsführern besonders gestattet ist. Eine solche Gestattung kann entweder generell im Gesellschaftsvertrag oder im Anstellungsvertrag des jeweiligen Geschäftsführers ausgesprochen werden, oder aber konkret für den Buy-Out erteilt werden. Zustimmungs-/genehmigungsbefugt sind grundsätzlich die Gesellschafter[44].

Den Weg der konkreten Gestattung wird man gehen, wenn der Vermögenserwerb dem Anteilserwerb an der Ziel-GmbH folgt und Insichgeschäfte nicht generell gestattet sind. Denn dann kann die Neu-GmbH als nunmehr alleinige Gesellschafterin ungehindert einen entsprechenden Gesellschafterbeschluß fassen. Liegt eine generelle Gestattung vor, so ist durch Auslegung deren Umfang zu ermitteln. Mit einer entsprechenden Gestattung können die Geschäftsführer die Ziel-GmbH beim MBO also wirksam vertreten.

---

43 *Koppensteiner*, ZHR 155 (1991), 97, 107.

44 *Rowedder (Koppensteiner)*, GmbHG, § 35, Rz. 28.

Falls den Geschäftsführern Insichgeschäfte nicht besonders gestattet sind, könnte trotzdem ein solches im konkreten Fall abweichend von § 181 BGB zulässig sein. Der BGH[45] hat § 181 BGB in einem Fall für unanwendbar erklärt, in dem zwar Personenidentität vorlag, jedoch die für § 181 BGB typische Interessenkollision fehlte[46].

Diese Rechtsprechung läßt sich allerdings nicht auf den MBO übertragen. Der Zweck des § 181 BGB besteht darin, den Vertretenen davor zu schützen, daß zu seinen Lasten der Vertreter unkontrolliert eigene Vorteile zieht[47]. Genau diese Gefahren liegen aber beim MBO aufgrund der erheblichen Eigeninteressen der Manager und des daraus folgenden Interessenkonflikts vor. Wenn das mit Insiderinformationen ausgestattete Management den MBO im Wege des Insichgeschäfts durchführen kann, erhält es die Möglichkeit, eigene Vorteile zu Lasten der Ziel-GmbH und so mittelbar auch zu Lasten der außenstehenden Altgesellschafter zu ziehen[48]. Da der Abschluß des MBO-Kaufvertrags für die Ziel-GmbH auch nicht lediglich rechtlichen Vorteil[49] bringt, ist § 181 BGB uneingeschränkt anwendbar mit der Folge, daß ein Insichgeschäft ohne entsprechende Gestattung unzulässig ist.

Sind mehrere Geschäftsführer mit Einzelvertretungsmacht vorhanden, läßt sich ein Insichgeschäft leicht vermeiden. Liegt Gesamtvertretung vor, können die Geschäftsführer § 181 BGB dadurch umgehen, daß ein Geschäftsführer den anderen zur Alleinvertretung der Ziel-GmbH ermächtigt.

Der BGH, der § 181 BGB hier wegen der formalen Personenverschiedenheit nicht anwendet, hält diese Konstruktion für zulässig[50]. Demgegenüber will

---

45 BGHZ 56, 97, 101.

46 BGHZ 56, 97, 102 f hielt § 181 BGB für unanwendbar, wenn die Zielsetzung der Vorschrift für eine geschlossene Fallgruppe nach der dort bestehenden Rechts- und Interessenlage niemals zum Zuge kommen kann.

47 Vgl. MüKo (*Schramm*), BGB, § 181, Rz. 2.

48 *Adams*, AG 1989, 333, 337.

49 Nach BGHZ 59, 236, 240 ist § 181 BGB unanwendbar, wenn das Insichgeschäft dem Vertretenen lediglich einen rechtlichen Vorteil bringt.

50 BGHZ 64, 72, 74 ff.

die Literatur[51] überwiegend § 181 BGB analog anwenden, da die Personenidentität nur durch einen Kunstgriff aufgehoben wird, während die Interessenkollision fortbesteht. Der Analogie ist zuzustimmen, da andernfalls § 181 BGB jederzeit dadurch unterlaufen werden könnte, daß ein weiterer Vertreter eingeschaltet wird.

Zusammenfassend ist festzustellen, daß die Manager im Interessenkonflikt mit den Altgesellschaftern durch sehr verschiedene Handlungsweisen ihre eigenen Interessen voranstellen können, und zwar durch unzureichende Geheimhaltung, durch „Täuschen" der Anteilseignerseite über ihr Wissen, durch Schlechtreden des Unternehmens sowie durch „untreues" Management im Vorfeld des MBO. Daher stellt sich die Frage, ob und in welchem Umfang dieses Konfliktpotential bereits von vornherein aufgelöst oder zumindest abgeschwächt werden kann.

C. Abschwächung/Auflösung der Interessenkonflikte

Die Gesellschafter der Ziel-GmbH versuchen beim Verkauf ihrer Unternehmensanteile typischerweise, einen möglichst hohen Kaufpreis zu erzielen. Außerdem erwarten sie von den Geschäftsführern, daß diese wie bisher ihren Pflichten nachkommen und das Unternehmen auch bei der Vorbereitung und Durchführung eines Management Buy-Out ordentlich führen. Dies schließt die Geheimhaltung von Unternehmensinterna ein. Demgegenüber sind die Geschäftsführer an einem möglichst niedrigen Kaufpreis interessiert, um den Erfolg des MBO zu sichern und langfristig mit dem Unternehmen Gewinne erwirtschaften zu können. Zur Vorbereitung des MBO sind sie zudem darauf angewiesen, gewisse vertrauliche Informationen über das Unternehmen nach außen weiterzugeben, um Kreditgeber und mögliche weitere Mitglieder der Buy-Out-Gruppe zu gewinnen.

In diesem Interessenkonflikt besteht die Gefahr, daß die Manager einseitig ihre eigenen Interessen verfolgen und damit die Altgesellschafter schädigen. Daher liegt es im Interesse der Altgesellschafter, sich vor derartigen Handlungsweisen zu schützen. Aber auch die Manager selbst werden oft daran

---

51 S. bei *Rowedder (Koppensteiner)*, GmbHG, § 35, Rz. 37; *Klamroth*, BB 1975, 851, 852; *Plander*, DB 1975, 1493, 1495 f.

interessiert sein, Vorkehrungen zu treffen, die sie vor dem Verdacht unredlicher Geschäftsführung und vor einer späteren Inanspruchnahme durch die Altgesellschafter oder durch die Ziel-GmbH bewahren. Je nach dem beabsichtigten Schutzziel stehen unterschiedliche Schutzmechanismen zur Verfügung.

I. Einschaltung von Berufsgruppen, die zur Verschwiegenheit verpflichtet sind

Geht die Initiative zur Durchführung eines MBO von den Managern aus, ist die Aufnahme konkreter Kaufverhandlungen erst sinnvoll, wenn die prinzipielle Durchführbarkeit des Vorhabens einigermaßen gesichert ist. In den hierfür notwendigen Vorgesprächen können die Manager den Interessenkonflikt hinsichtlich der Offenbarung von Unternehmensinterna dadurch abschwächen, daß sie sich zunächst nur an gesetzlich zur Berufsverschwiegenheit verpflichtete Berater (Wirtschaftsprüfer, Rechtsanwälte, Steuerberater) wenden, anstatt direkt mit möglichen Eigen- und Fremdkapitalgebern Kontakt aufzunehmen[52].

Allerdings stellen gesetzliche Geheimhaltungspflichten nicht ohne weiteres sicher, daß sie von den Beratern auch eingehalten werden, insbesondere wenn die Berater auch die Käuferseite beraten. Daher ist nicht auszuschließen, daß die Geschäftsführer bereits dadurch ihre Geheimhaltungspflicht gegenüber der GmbH verletzen, daß sie Geschäftsgeheimnisse an solche Berater mitteilen.

---

52 *Koppensteiner*, ZHR 155 (1991), 97, 100; *Assmann/Schütze (Otto)*, Handbuch, § 26, Rz. 79.

II. Schriftliche Vereinbarung darüber, was weitergegeben werden darf

Kommt das MBO-Team nach ersten Vorgesprächen zu der Erkenntnis, daß ein MBO möglich erscheint, muß es konkrete Verhandlungen mit potentiellen Eigen- und Fremdkapitalgebern führen. Spätestens vor der Offenlegung von Informationen ihnen gegenüber ist die Zustimmung der Gesellschafter einzuholen[53].

Doch auch wenn die Gesellschafter einer Offenbarung von Unternehmensinterna zugestimmt haben, bedeutet das nicht ohne weiteres, daß die Geschäftsführer alle wichtigen Geschäftspapiere an die übrigen Mitglieder der Buy-Out-Gruppe aushändigen dürfen. Denn es besteht ja die Möglichkeit, daß der MBO doch nicht zustande kommt.

Zwar können sich die Gesellschafter vom MBO-Team einen Letter of Intent erteilen lassen. Aber selbst ein solcher ist noch keine Garantie für das spätere Zustandekommen des Buy-Out. Vielmehr bekunden in einem Letter of Intent entweder beide Parteien oder eine Partei einseitig ihre Absicht, zum Vetragsschluß zu kommen. Er enthält in der Regel noch keinen rechtsgeschäftlichen Bindungswillen.

In diesem Stadium ist die Durchführung des MBO also noch unsicher. Bei Fehlschlagen des MBO wollen die Gesellschafter nicht, daß sich sämtliche Geschäftspapiere bzw. Kopien hiervon in den Händen Dritter befinden.

Da die Abgrenzung zwischen erlaubter Weitergabe von schriftlich fixiertem Wissen und unerlaubter Verwendung von Geschäftspapieren oft unklar ist, kann darüber später leicht Streit entstehen. Die Geschäftsführer können dem jedoch vorbeugen, indem sie mit den Anteilseignern schriftlich vereinbaren, welche Tatsachen und welche Papiere konkret weitergegeben werden dürfen[54].

---

53 *Koppensteiner*, ZHR 155 (1991), 97, 100.

54 S. *Assmann/Schütze (Otto)*, Handbuch, § 26, Rz. 80.

III. Teilhabe der Verkäufer an Mehrergebnissen

Falls die Ertragskraft der Ziel-GmbH nach der Übernahme ungewöhnlich schnell oder unerwartet stark wächst, kann dies daran liegen, daß die Manager nun Entwicklungs- bzw. Marktchancen für das Unternehmen nützen, die sie zwar vor dem Buy-Out schon sahen, den Altgesellschaftern aber nicht mitteilten, um den Kaufpreis nicht in die Höhe zu treiben. Weiter kann dies seine Ursache darin haben, daß die Manager im Gegensatz zu den Gesellschaftern den wahren Wert einzelner wertvoller Vermögensgegenstände kennen, die sie nach der Übernahme veräußern. Schließlich kann der Verdacht entstehen, daß die Manager früher die Geschäfte absichtlich schlecht führten, um den Kaufpreis zu senken.

Die verkaufenden Altgesellschafter sind bestrebt, sich gegen solche Handlungen zu sichern. Aber auch die Manager können daran interessiert sein, Regelungen zu finden, die einen derartigen Verdacht erst gar nicht aufkommen lassen und daher das Risiko von Schadensersatzansprüchen der Altgesellschafter oder gar strafrechtliche Ermittlungen von vornherein ausschließen.

Dafür bietet sich folgende vertragliche Gestaltung des Kaufpreises an: Den verkaufenden Gesellschaftern wird im Kaufvertrag von vornherein eine Teilhabe an nachvertraglich erzielten Mehrergebnissen eingeräumt[55]. Möglich ist etwa eine Teilhabe in Form von Genußscheinen. Diese können gegebenenfalls mit dem Recht zur Umwandlung in Anteile ausgestaltet sein[56].

In Verträgen mit der Treuhandanstalt fanden sich hingegen häufig Mehrerlösklauseln, die die Käufer verpflichteten, im Falle des Verkaufs eines Grundstücks einen möglicherweise erzielten Mehrerlös an die Treuhandanstalt abzuführen[57]. Auch durch Nachbewertungsklauseln, die sich auf das Betriebsgrundstück oder -gebäude bezogen, hat sich die Treuhandanstalt oft gesichert[58]. Solche Klauseln schützen den Verkäufer nur vor Grundstücksspekulationen, lassen ihn aber an allen sonstigen nachvertraglichen Mehrergebnissen nicht teilhaben.

---

55 Vgl. *Assmann/Schütze (Otto)*, Handbuch, § 26, Rz. 83.

56 So z. B. *Assmann/Schütze (Otto)*, Handbuch, § 26, Rz. 83.

57 S. *Lennardt/Stefanovic*, S. 101.

58 *Lennardt/Stefanovic*, S. 100.

IV. Prüfung des Kaufpreises durch unabhängige Außenstehende

Der Interessenkonflikt hinsichtlich des Kaufpreises kann des weiteren dadurch abgeschwächt werden, daß die Manager die Angemessenheit ihres Angebots durch unabhängige Außenstehende prüfen lassen[59]. Ein solches Vorgehen empfiehlt sich vor allem dann, wenn mangels weiterer Kaufinteressenten eine Marktpreisbildung nicht möglich ist. Allerdings ist zu beachten, daß es selbst für erfahrene Wirtschaftsprüfer stets sehr schwierig ist, beim Durchforsten des Unternehmens alles werthaltige Wissen zu erlangen. Sie werden während des vergleichsweise kurzen Prüfungszeitraums kaum den Wissensvorsprung einholen können, den Manager aufgrund einer langjährigen Tätigkeit besitzen.

V. Veröffentlichung von Angebot und Prüfungsbericht

Schließlich bietet sich als Ausweg aus dem Interessenkonflikt hinsichtlich des Kaufpreises die Möglichkeit, das Angebot der Manager und einen etwaigen Prüfungsbericht zu veröffentlichen. Dadurch haben auch außenstehende Nicht-Insider die Chance, als Mitbieter aufzutreten[60]. Dieser Weg ist jedoch gerade in einigen typischen MBO-Fällen unerwünscht, nämlich dann, wenn die Altgesellschafter - wie oft bei Familiengesellschaften ohne Nachfolger in der Familie - ausschließlich oder doch vorzugsweise an die Manager verkaufen wollen. Zudem besteht regelmäßig allseitig ein Interesse daran, solche Transaktionen im Stillen vorzubereiten.

---

59 *Adams*, AG 1989, 333, 337.

60 *Adams*, AG 1989, 333, 337.

VI. Schadensersatzansprüche (der Altgesellschafter) bei Pflichtverletzung?

Die beschriebenen Schutzmechanismen können den Interessenkonflikt zwischen der Verkäuferseite und den Managern höchstens abschwächen, keinesfalls jedoch auflösen. Zudem beruht die Sicherung der Verkäuferseite durch die Teilhabe an Mehrergebnissen darauf, daß die Manager mit einer entsprechenden Vertragsgestaltung einverstanden sind. In den wirklich gravierenden Fällen, in denen die Manager durch unredliches Verhalten den Kaufpreis zu drücken versuchen, sind die Manager zu solchen Schutzvorkehrungen aber gerade nicht bereit. Falls Schutzvorkehrungen nicht ergriffen werden oder aber versagen, kann die Verkäuferseite erheblich geschädigt werden. Daher stellt sich die Frage, ob die Verkäuferseite Schadensersatzansprüche erheben kann, wenn die Manager ihre eigenen Interessen einseitig voranstellen. Entscheidend hierfür ist, ob und in welchem Umfang die Manager Verhaltenspflichten gegenüber der Verkäuferseite treffen. Die Grundlagen dieser Verhaltenspflichten sollen im 2. Kapitel untersucht werden, ebenso wie die möglichen Anspruchsgrundlagen und der Umfang von Schadensersatzansprüchen.

Es wird sich zeigen, daß große Unterschiede zwischen Vermögenskauf und Anteilskauf bestehen. Die Begründung von Schadensersatzansprüchen macht beim Vermögenskauf keine Schwierigkeiten, beim Anteilskauf jedoch sehr. Die Unterschiede beruhen darauf, daß beim Vermögenskauf die organschaftlichen Pflichten der Geschäftsführer gegenüber der GmbH zum Tragen kommen. Eine Verletzung dieser Pflichten begründet Schadensersatzansprüche der GmbH. Dagegen geht es beim Anteilskauf um das zentrale Problem, ob den Geschäftsführern auch unmittelbar gegenüber den Altgesellschaftern selbst Pflichten obliegen.

Nach einigen Vorbemerkungen zu den Schadensersatzansprüchen sollen daher zunächst die Pflichten der Manager gegenüber dem Target beim Vermögenskauf dargestellt werden, bevor die problematischen Pflichten der Manager gegenüber den Altgesellschaftern und die Schadensersatzansprüche der Altgesellschafter beim Anteilskauf erörtert werden.

2. Kapitel Dogmatische Begründung von Verhaltenspflichten der Manager und daraus folgende Schadensersatzansprüche

A. Allgemeines zu den Schadensersatzansprüchen

I. Mögliche Anspruchsgegner

Verfolgen die Manager beim MBO einseitig ihre eigenen Interessen, so kommen als Anspruchsgegner unabhängig von der Art des Erwerbs zunächst die handelnden Manager selbst in Betracht. Zu denken ist aber auch an Ansprüche gegen die Neu-Gesellschaft, falls die Manager zum Zweck des MBO eine solche mit oder ohne weitere Investoren gegründet haben. Ansprüche gegen die Neu-Gesellschaft sind vor allem wirtschaftlich bedeutsam, da die Manager beim MBO meist ihr ganzes Vermögen einsetzen und daher bei ihnen nicht mehr viel zu holen sein wird.

In der Regel werden die Manager der Zielgesellschaft auch zu Geschäftsführern der Neu-Gesellschaft ernannt. Nach § 31 BGB haftet daher die Neu-Gesellschaft für die Schäden, die die Manager in Ausführung ihrer Tätigkeit für die Neu-Gesellschaft den Altgesellschaftern oder der Zielgesellschaft zufügen[1]. Die Haftung nach § 31 BGB setzt allerdings voraus, daß die Manager selbst schadensersatzpflichtig sind.

---

1 Zur Haftung der GmbH nach § 31 BGB für Handlungen ihres Geschäftsführers vgl. MüKo (*Reuter*), BGB, § 31, Rz. 7.

II. Anspruchsinhaber je nach Erwerbsmodell

Schadensersatzansprüche hat - abgesehen von Fällen der Drittschadensliquidation[2] - grundsätzlich nur, wer selbst geschädigt wurde. Verfolgen die Manager beim MBO einseitig ihre eigenen Interessen, so kann je nach Erwerbsvorgang ein Schaden bei verschiedenen Personen eintreten. Der Schaden der Verkäuferseite besteht regelmäßig darin, daß der Kaufpreis zu niedrig ausfällt. Die unmittelbar Geschädigten sind mithin die jeweiligen Verkäufer, beim Vermögenskauf also die GmbH, beim Anteilskauf die Altgesellschafter. Entsprechend geht es beim Vermögenskauf vorrangig um Ansprüche der Gesellschaft, beim Anteilskauf um solche der Gesellschafter.

Im folgenden sollen Schadensersatzansprüche gegen die Manager untersucht werden. Die entscheidende Frage ist jeweils, welche Verhaltenspflichten die Manager treffen. Insbesondere ist zu untersuchen, ob die Manager verpflichtet sind, ihr Sonderwissen über die Ziel-GmbH und deren Vermögenslage zu offenbaren.

Zunächst soll eine Übersicht über die Pflichten der Manager gegenüber dem Target und damit über die Schadensersatzansprüche des Target beim Vermögenskauf gegeben werden. Anschließend sind die problematischen Pflichten der Manager gegenüber den Altgesellschaftern und damit Ansprüche der Altgesellschafter beim Anteilskauf zu erörtern.

---

2 S. zur Drittschadensliquidation *Palandt (Heinrichs)*, BGB, Vorbem. v. § 249, Rz. 112 ff.

B. Pflichten der Manager gegenüber dem Target und Schadensersatzansprüche des Target beim Vermögenskauf

I. Übersicht über mögliche Anspruchsgrundlagen

Als Grundlage von Schadensersatzansprüchen der Ziel-GmbH kommen § 43 II GmbHG, eine positive Vertragsverletzung des Anstellungsvertrages, § 823 II BGB in Verbindung mit Schutzgesetzen sowie § 826 BGB in Frage.

II. § 43 II GmbHG

Die GmbH kann ihren Anspruch auf § 43 II GmbHG stützen, wenn die Geschäftsführer schuldhaft[3] eine Pflicht gegenüber der Gesellschaft verletzen. Dabei wird dem Geschäftsführer die ordnungsgemäße - nicht die erfolgreiche[4] - Geschäftsführung zur Pflicht gemacht. Die Vorschrift knüpft nicht an das Dienstverhältnis[5], sondern an die Organstellung an[6]. Hinsichtlich der möglicherweise schädigenden Handlungen der Manager beim MBO setzt ein Anspruch der GmbH voraus, daß den Geschäftsführern entsprechende organschaftliche Pflichten obliegen.

---

3 *Rowedder (Koppensteiner)*, GmbHG, § 43, Rz. 7 f.

4 *Rowedder (Koppensteiner)*, GmbHG, § 43, Rz. 15.

5 So aber *Sudhoff*, S. 244.

6 HM; vgl. BGH, WM 1992, 691, 692; *Meyer-Landrut/Miller/Niehus*, GmbHG, § 43, Rz. 1; *Scholz (Schneider)*, GmbHG, § 43, Rz. 12; *Hachenburg (Mertens)*, GmbHG, § 43, Rz. 4.

1. Geheimhaltungspflicht

Durch die Weitergabe von nicht öffentlichen Unternehmensinterna zur Erstellung eines ersten MBO-Konzeptes macht sich ein Geschäftsführer nur dann nach § 43 II GmbHG schadensersatzpflichtig, wenn er kraft seiner Organstellung zur Geheimhaltung verpflichtet ist. Der Geschäftsführer ist ein Organ der GmbH mit treuhänderischer Funktion und besonderer Vertrauensstellung[7]. Als Gegenstück zu seinen weitreichenden Befugnissen und Einwirkungsmöglichkeiten treffen ihn besondere Treuepflichten gegenüber der GmbH, die über den Maßstab des § 242 BGB hinausgehen[8]. Er ist verpflichtet, die GmbH aktiv zu fördern und alles zu unterlassen, was der GmbH schaden könnte. Eine konkrete Ausprägung dieser Treuepflichten ist die Pflicht zur Verschwiegenheit[9]. Diese Verschwiegenheitspflicht folgt unmittelbar aus der Organstellung des Geschäftsführers und nicht erst aus § 85 GmbHG; die Strafvorschrift geht vielmehr vom Bestehen der organschaftlichen Geheimhaltungspflicht aus[10].

Entsteht der GmbH durch die pflichtwidrige Weitergabe von Unternehmensinterna ein Schaden, so ist der Geschäftsführer zum Ersatz nach § 43 II GmbHG verpflichtet.

2. Aufklärungspflicht

Ein Schadensersatzanspruch der GmbH gegen die Geschäftsführer aus § 43 II GmbHG kann sich auch daraus ergeben, daß die Geschäftsführer die Gesellschaft unzureichend oder gar falsch über künftige Entwicklungschancen oder über den wahren Wert einzelner Vermögensgegenstände informieren. Anspruchsvoraussetzung ist, daß die Geschäftsführer eine organschaftliche

---

7 Vgl. *Ebenroth/Lange*, GmbHR 1992, 69, 74.

8 Vgl. *Ebenroth/Lange*, GmbHR 1992, 69, 74; *Hachenburg (Mertens)*, GmbHG, § 43, Rz. 35.

9 So *Baumbach/Hueck (Zöllner)*, GmbHG, § 35, Rz. 21; *Hachenburg (Mertens)*, GmbHG, § 43, Rz. 46. Auch *Hauschka*, BB 1987, 2169, 2175, bejaht die Verschwiegenheitspflicht, leitet sie aber aus dem Dienstverhältnis ab.

10 *Baumbach/Hueck (Zöllner)*, GmbHG, § 35, Rz. 21.

Verpflichtung gegenüber der GmbH zu vollständiger und richtiger Information haben.

a. *Informationspflicht zur Vorbereitung eines Gesellschafterbeschlusses*

Veräußert die Ziel-GmbH ihr Unternehmen, so ist sie nicht mehr in der Lage, weiterhin im Rahmen ihres Unternehmensgegenstandes zu wirken. Mit *Koppensteiner*[11] ist davon auszugehen, daß die Änderung des Unternehmensgegenstandes ein "außergewöhnliches Geschäft" ist, das zur Zuständigkeit der Gesellschafterversammlung gehört. Die Gesellschafterversammlung hat darüber zu beschließen, ob und zu welchen Bedingungen der Kaufvertrag abgeschlossen werden soll[12]. Möglicherweise sind die Geschäftsführer verpflichtet, die Gesellschafter zur Vorbereitung des Beschlusses über den Wert des Unternehmens zu informieren.

Falls eine solche Pflicht besteht, würden sich die Geschäftsführer durch Zurückhalten der Information gegenüber der GmbH schadensersatzpflichtig machen[13]. Denn die Informationspflicht würde die Geschäftsführer kraft ihrer Organstellung treffen; sie wäre Teil ihrer organschaftlichen Pflicht zu kollegialer Zusammenarbeit[14]. Die organschaftlichen Pflichten bestehen, wie sich aus § 43 GmbHG ergibt, gegenüber der GmbH. Die Geschäftsführer würden ihre Informationspflicht lediglich praktisch gegenüber den Gesellschaftern erfüllen[15]. Die Pflichtverletzung würde daher zum Schadensersatzanspruch der GmbH nach § 43 II GmbHG führen.

---

11 ZHR 155 (1991), 97, 108.

12 *Koppensteiner*, ZHR 155 (1991), 97, 108. Widersprüchlich insofern aaO. S. 107, wo die Änderung des Gesellschaftsvertrags für erforderlich gehalten wird.

13 S. *Koppensteiner*, ZHR 155 (1991), 97, 110.

14 *Scholz (Schneider)*, GmbHG, § 43, Rz. 114, 119.

15 Eine Parallele dazu stellt § 51 a GmbHG dar: Trotz des Wortlauts besteht Einigkeit darüber, daß der Informationsanspruch der Gesellschafter gegen die GmbH gerichtet ist, vgl. OLG Karlsruhe, GmbHR 1985, 59, 60; *Lutter/Hommelhoff*, GmbHG, § 51 a, Rz. 17. Die GmbH erfüllt ihre Verpflichtung durch die Geschäftsführer als ausführende Organe. Letztere sind gegenüber der GmbH zur Erfüllung verpflichtet.

Umstritten ist, ob die Geschäftsführer über das Auskunfts- und Einsichtsrecht der Gesellschafter (§ 51 a GmbHG) hinaus verpflichtet sind, von sich aus die Gesellschafter zur Vorbereitung eines Gesellschafterbeschlusses zu informieren über alle wesentlichen Vorgänge im Unternehmen und damit auch über die Einzelheiten des geplanten Vermögensverkaufs, insbesondere den Wert des Unternehmens[16]. Diese Frage braucht hier indessen nicht geklärt zu werden, da sich eine Aufklärungspflicht jedenfalls aus der allgemeinen Förderpflicht der Geschäftsführer gegenüber der GmbH herleiten läßt, wie sich aus dem folgenden ergibt.

b. *Aufklärungspflicht der Geschäftsführer als Konkretisierung ihrer allgemeinen Förderpflicht*

Aus der Pflicht, alles zu unterlassen, was der GmbH schaden könnte[17], folgt, daß der Geschäftsführer nicht daran mitwirken darf, daß die GmbH Bestandteile ihres Vermögens gegen eine nicht vollwertige Gegenleistung aufgibt[18]. Insbesondere darf er sich selbst keine Vermögenswerte der Gesellschaft zuschieben[19]. Darüber hinaus gebietet ihm seine aktive Förderpflicht, beim Verkauf von Vermögensgegenständen einen für die GmbH möglichst günstigen Vertrag anzustreben, regelmäßig also den höchstmöglichen Kaufpreis zu erzielen.

Diese Verpflichtung trifft den Geschäftsführer ohne weiteres bei gewöhnlichen Vermögensverkäufen an außenstehende Dritte. Sie ist unabhängig davon, ob er persönlich die Verkaufsverhandlungen führt oder aber einen anderen, etwa einen Gesellschafter, einen Mitarbeiter oder auch einen Unternehmensberater (Mergers & Acquisitions - Berater), als Verhandlungsführer

---

16 Für eine umfassende Informationspflicht: *Rowedder (Koppensteiner)*, GmbHG, § 43, Rz. 14; *Koppensteiner*, ZHR 155 (1991), 97, 110; *Scholz (Schneider)*, GmbHG, § 43, Rz. 114 ("Schwerpunktinformation"); die Ansicht wird damit begründet, daß die Gesellschafter andernfalls ihre Mitverwaltungsrechte nicht ausüben könnten. Gegen eine umfassende Informationspflicht: *Meyer-Landrut/Miller/Niehus*, GmbHG, § 46, Rz. 13.

17 S. allgemein zur Treuepflicht *Scholz (Schneider)*, GmbHG, § 43, Rz. 121 ff; *Hachenburg (Mertens)*, GmbHG, § 43, Rz. 35 ff.

18 Vgl. *Koppensteiner*, ZHR 155 (1991), 97, 110.

19 *Scholz (Schneider)*, GmbHG, § 43, Rz. 142.

einschaltet. Nimmt der Geschäftsführer nicht selbst an den Verhandlungen teil, so kommt er seiner Förderpflicht gegenüber der GmbH nur dann nach, wenn er die GmbH - konkret also deren Verhandlungsführer - in die Lage versetzt, ihrerseits den höchstmöglichen Kaufpreis herauszuverhandeln. Das bedeutet, daß er dem Verhandlungsführer Kenntnis verschaffen muß über alle Faktoren, die den Kaufpreis beeinflussen können. Die organschaftliche Förderpflicht konkretisiert sich hier folglich zur Aufklärungspflicht. Auch die Aufklärungspflicht besteht unmittelbar gegenüber der GmbH, selbst wenn sie praktisch erfüllt wird gegenüber dem Verhandlungsführer.

Vergleicht man den gewöhnlichen Vermögensverkauf an außenstehende Dritte mit dem Vermögensverkauf im Rahmen eines MBO, so liegt der Hauptunterschied darin, daß die Geschäftsführer beim MBO zusätzlich zu ihrer Funktion innerhalb der Ziel-GmbH in der Rolle der Käufer auftreten. Allein die Übernahme dieser zusätzlichen Rolle beendet jedoch nicht die bestehenden organschaftlichen Pflichten. Daher besteht auch beim MBO-Vermögenskauf im Grundsatz die Pflicht der Geschäftsführer, die jeweiligen Verhandlungsführer der Ziel-GmbH vollständig und richtig zu informieren. Werden die Verhandlungen durch die Gesellschafter geführt, so bedeutet das die Mitteilung von Informationen an sie.

Aus diesem Grund ist den Geschäftsführern auch der Einwand abgeschnitten, sie würden ihrer Informationspflicht gegenüber "der GmbH" nachkommen durch "Mitteilung an sich selbst". Grundsätzlich sind sie als Vertreter der GmbH (§ 35 I GmbHG) zwar zur Entgegennahme von Mitteilungen mit Wirkung für die GmbH berechtigt; die Förderpflicht kann jedoch, wie beschrieben, nur erfüllt werden durch Mitteilung an die von ihnen personenverschiedenen Verhandlungsführer.

Die schuldhafte Verletzung der Aufklärungspflicht kann einen Schadensersatzanspruch der GmbH nach § 43 II GmbHG auslösen. Ob auch beim MBO die Aufklärungspflicht in vollem Umfang besteht oder aber wegen der berechtigten - berechtigt deshalb, weil der MBO als Form der Unternehmensübernahme anerkannt ist - gegenläufigen Eigeninteressen der Geschäftsführer als Käufer eingeschränkt ist, soll im 3. Kapitel untersucht werden.

Der zu ersetzende Schaden der GmbH besteht in der Differenz zwischen dem hypothetischen Kaufpreis, der bei ausreichender Aufklärung vereinbart worden wäre, und dem tatsächlich vereinbarten Kaufpreis[20].

3. Verbot des Schlechtredens des Unternehmens im Vorfeld des MBO

Die GmbH kann einen Schadensersatzanspruch nach § 43 II GmbHG auch dann erlangen, wenn die Geschäftsführer vor dem Buy-Out durch abschrekkende Äußerungen über das Unternehmen andere Kaufinteressenten vertreiben, die einen höheren Kaufpreis bezahlt hätten. Denn als Ausfluß seiner Treuepflicht hat sich der Geschäftsführer bei seinem Verhalten in der Umwelt gewissen Beschränkungen zu unterwerfen. Insbesondere sind gehässige Bemerkungen über das Unternehmen pflichtwidrig[21].

Die Höhe des Schadens wird bestimmt durch die Differenz zwischen dem höheren Kaufpreis, den die anderen Kaufinteressenten bezahlt hätten, und dem tatsächlich gezahlten MBO-Kaufpreis[22].

4. Verbot des "untreuen" Managements im Vorfeld des MBO

Wenn die Geschäftsführer vor der Übernahme die Geschäfte absichtlich schlecht führen, um die Erträge und damit den MBO-Kaufpreis zu senken, so handeln sie ihrer aktiven Förderpflicht zuwider und machen sich schadensersatzpflichtig nach § 43 II GmbHG. Dies gilt für den Fall, daß für die GmbH unnötige Kosten produziert oder Gewinnchancen vergeben werden, wie dies etwa bei der Aushöhlung von Treuhandunternehmen geschah[23].

Schwieriger wird die Beurteilung einer Periodenverschiebung in die Zukunft, wenn etwa ein günstiger Vertragsabschluß praktisch feststeht, jedoch formal

---

20 Einzelheiten s. unten 2. Kapitel, C I 3 b (am Ende).

21 *Scholz (Schneider)*, GmbHG, § 43, Rz. 121.

22 Einzelheiten s. unten 2. Kapitel, C II 3.

23 S. oben 1. Kapitel, B II 4.

auf einen Zeitpunkt nach dem MBO datiert wird. Hier stellt sich zum einen die Frage, ob die Geschäftsführer, wenn sie schon eine Tatsache formal in die Zukunft verschieben, die GmbH wenigstens darüber als Geschäftschance informieren müssen. Dies ist eine Frage der Aufklärungspflicht[24]. Die andere Frage ist, ob die Geschäftsführer eine aktuelle Geschäftsmöglichkeit auch aktuell verwirklichen müssen. Da die Geschäftsführer bei unternehmerischen Entscheidungen einen Ermessensspielraum haben[25], sind sie grundsätzlich auch frei, den Zeitpunkt eines Geschäfts zu bestimmen. Es ist denkbar, daß die Verschiebung eines Geschäfts in die Zukunft etwa aus steuerlichen Gründen sinnvoll ist und deshalb den Grundregeln ordnungsgemäßer Unternehmensführung entspricht. Sind steuerliche oder sonstige Gründe vorhanden, so ist die Periodenverschiebung in die Zukunft als vom unternehmerischen Ermessen gedeckt anzusehen. Wenn jedoch der einzige Zweck darin liegt, ein günstiges Geschäft aus den Verhandlungen über den MBO-Kaufpreis auszunehmen, so ist dies ein unternehmensfremdes Kriterium. In diesem Fall überschreiten die Geschäftsführer den Grundsatz des unternehmerischen Ermessens. Sie handeln pflichtwidrig und machen sich schadensersatzpflichtig nach § 43 II GmbHG.

Der Schaden besteht in der Differenz zwischen dem hypothetischen Kaufpreis, der bei redlicher Unternehmensführung aufgrund der dann vorhandenen wertbildenden Faktoren ermittelt worden wäre, und dem niedrigeren tatsächlichen Kaufpreis.

Verstöße der Manager gegen die beschriebenen Pflichten zur Geheimhaltung und zur Aufklärung sowie gegen das Verbot des Schlechtredens des Unternehmens und des „untreuen" Managements sind also organschaftliche Pflichtverletzungen und begründen Schadensersatzansprüche nach § 43 II GmbHG.

---

24 S. oben 2. Kapitel, B II 2.

25 *Scholz (Schneider)*, GmbHG, § 43, Rz. 44b ff.

III. Positive Vertragsverletzung des Anstellungsvertrages

Beim Vermögenskauf kommt als Grundlage eines Schadensersatzanspruchs der Ziel-GmbH gegen die Geschäftsführer neben § 43 II GmbHG des weiteren eine positive Vertragsverletzung des Anstellungsvertrages in Betracht. Der Anstellungsvertrag des Geschäftsführers ist regelmäßig ein Dienstvertrag mit Geschäftsbesorgungscharakter (§§ 675, 611 BGB)[26]. Positive Vertragsverletzung kann entweder durch Schlechterfüllung der Hauptpflicht (Schlechtleistung) oder durch Nichterfüllung bzw. Verletzung einer Nebenpflicht erfolgen[27]. Umstritten ist jedoch, ob eine positive Vertragsverletzung des Anstellungsvertrages neben § 43 II GmbHG eigenständige Bedeutung besitzt.

Der BGH[28] sieht § 43 II GmbHG als Spezialregelung an, die die vertragliche Haftungsgrundlage in sich aufnimmt. Nach seiner Ansicht haben Schadensersatzansprüche aus dem Geschäftsführervertrag keine eigenständige Bedeutung[29]. Auch *Reich*[30] hält den Organhaftungstatbestand des § 43 II GmbHG für die alleinige Anspruchsgrundlage mit der Begründung, die Organhaftungsbestimmungen gingen aus Gründen der Spezialität und Sachnähe den allgemeinen bürgerlich-rechtlichen Vorschriften vor.

Demgegenüber wird in der Literatur[31] teilweise die Auffassung vertreten, beide Anspruchsgrundlagen stünden in Anspruchskonkurrenz und ergänzten sich gegenseitig; allerdings bestünden neben der Haftung aus § 43 II GmbHG nur dann gesonderte Ansprüche wegen Verletzung der Pflichten aus dem Anstellungsvertrag, sofern der Anstellungsvertrag weitergehende Pflichten begründet[32]; jedoch gelte auch für Ansprüche aus dem Anstel-

---

26 *Lutter/Hommelhoff*, GmbHG, Anh. § 6, Rz. 3.

27 *Palandt (Heinrichs)*, BGB, § 276, Rz. 109 ff, 113 ff.

28 BGH, WM 1989, 1335, 1337.

29 Ebenso *Baumbach/Hueck (Zöllner)*, GmbHG, § 43, Rz. 1c.

30 DB 1967, 1663, 1668.

31 So etwa *Scholz (Schneider)*, GmbHG, § 43, Rz. 13; *K. Schmidt*, GesR, § 36 II 4 a; *Fleck*, ZHR 149 (1985), 387, 397.

32 *Scholz (Schneider)*, GmbHG, § 43, Rz. 208.

lungsvertrag die 5-jährige Verjährungsfrist des § 43 IV GmbHG[33] und nicht die bei pVV sonst übliche 30-jährige Verjährung.

Da sämtliche für den MBO erheblichen Geschäftsführerpflichten, also die Geheimhaltungspflicht, die Aufklärungspflicht, das Verbot des Schlechtredens sowie das Verbot des "untreuen" Managements, organschaftliche Pflichten sind, deren Verletzung einen Schadensersatzanspruch nach § 43 II GmbHG auslöst[34], ist auch nach der Literaturmeinung ein Anspruch wegen positiver Vertragsverletzung des Anstellungsvertrages ausgeschlossen.

IV. § 823 II BGB in Verbindung mit Schutzgesetzen

Unter den deliktsrechtlichen Schadensersatzansprüchen der Ziel-GmbH gegen die Geschäftsführer beim Vermögenskauf ist § 823 II BGB in Verbindung mit §§ 85 GmbHG, 263, 266 StGB bedeutsam. Deliktsrechtliche Ansprüche stehen auch dann selbständig neben den organisationsrechtlichen Ansprüchen aus § 43 II GmbHG, wenn die unerlaubte Handlung gerade in der Verletzung von Organpflichten begründet ist[35]. Hinsichtlich der Verjährung kann ein deliktsrechtlicher Anspruch für die geschädigte GmbH günstiger sein als der organisationsrechtliche Anspruch, da die 3-jährige Verjährung des § 852 BGB erst mit Kenntniserlangung vom Schaden beginnt, während § 43 IV GmbHG an den Schadenseintritt anknüpft. Bei einer juristischen Person ist auf die Kenntniserlangung durch deren vertretungsberechtigte Organe abzustellen; die Kenntnis eines Geschäftsführers, der selbst als Täter oder Mittäter einer unerlaubten Handlung in Betracht kommt, kann jedoch die Verjährungsfrist nicht in Lauf setzen[36]. Ist - wie oft beim MBO - kein weiterer unbeteiligter Geschäftsführer vorhanden, ist auf die Kenntnis eines Gesellschafters abzustellen, denn dieser ist in der Lage, die übrigen

---

33 *K. Schmidt*, GesR, § 36 II 4 a; *Scholz (Schneider)*, GmbHG, § 43, Rz. 201.

34 S. oben 2. Kapitel, B II.

35 BGHZ 100, 190, 199 ff; vgl. BGH, GmbHR 1989, 365, 368; *Scholz (Schneider)*, GmbHG, § 43, Rz. 208. Anders noch die Rechtsprechung des Reichsgerichts, vgl. RGZ 87, 306, 309.

36 BGH, GmbHR 1989, 365, 368.

Gesellschafter zu unterrichten und so einen Beschluß gemäß § 46 Nr. 8 GmbHG herbeizuführen[37].

1. § 85 GmbHG

Geben die Geschäftsführer zur Vorbereitung des MBO unbefugt nicht öffentliche Unternehmensinterna an mögliche Buy-Out-Partner oder Finanzierungsinstitute weiter, so machen sie sich nach § 85 I GmbHG strafbar. Die Weitergabe kann sogar eine Verwertung im Sinne des qualifizierenden § 85 II GmbHG bedeuten[38]. Die Strafbarkeit wird nicht dadurch ausgeschlossen, daß die Empfänger zur Verschwiegenheit verpflichtet sind. Da § 85 GmbHG ein Schutzgesetz zugunsten der Gesellschaft ist[39], begründet die Verletzung der Geheimhaltungspflicht einen Anspruch der GmbH nach § 823 II BGB.

Umstritten ist jedoch, wann die Geheimnisoffenbarung "unbefugt" ist. Denn die GmbH kann der Offenbarung zustimmen und so auf den Schutz des § 85 GmbHG verzichten[40]. Unklar ist hierbei, wer die Zustimmung für die GmbH erklären kann. In Betracht kommen die Geschäftsführer selbst uneingeschränkt[41] oder zumindest im Rahmen ordnungsgemäßer Geschäftsführung (§ 43 I GmbHG)[42], oder aber die Gesellschafter[43]. Da im GmbH-Recht - an-

---

37 Vgl. MüKo (*Mertens*), BGB, § 852, Rz. 15.

38 *Baumbach/Hueck (Schulze-Osterloh)*, GmbHG, § 85, Rz. 42.

39 Vgl. § 85 III GmbHG: Die Gesellschaft ist antragsberechtigt; *Baumbach/Hueck (Schulze-Osterloh)*, GmbHG, § 85, Rz. 1.

40 Die Frage, ob die Zustimmung zur Offenbarung ein tatbestandausschließendes Einverständnis oder eine rechtfertigende Einwilligung darstellt, ist nur bedeutsam für Irrtümer. S. zum Streitstand, auch hinsichtlich des entsprechenden Wortlauts von § 203 StGB, einerseits *Schönke/Schröder (Lenckner)*, StGB, § 203, Rz. 22 und *Scholz (Tiedemann)*, GmbHG, § 85, Rz. 20 (Einverständnis); andererseits die hM bzgl. § 203 StGB, vgl. *Tröndle*, StGB, § 203, Rz. 27 (Einwilligung).

41 So *Hachenburg (Kohlmann)*, GmbHG, § 85, Rz. 45: "sämtliche Geschäftsführer".

42 Vgl. *Scholz (Tiedemann)*, GmbHG, § 85, Rz. 20: "Die gegen § 43 Abs. 1 (GmbHG) verstoßende Zustimmung (...) des Geschäftsführers (...) ist unwirksam"; *Baumbach/Hueck (Schulze-Osterloh)*, GmbHG, § 85, Rz. 11: "Zusätzlich kann bei personalistisch strukturierter GmbH Zulässigkeit der Offenbarung von Zustimmung der Gesellschafter abhängen".

43 S. *Lutter/Hommelhoff*, GmbHG, § 85, Rz. 4.

ders als im Aktienrecht - die Geschäftsführer die nahezu einzigen Täter sind, soll die GmbH gerade vor deren Geheimnisbruch durch § 85 GmbHG geschützt werden. Könnten die Geschäftsführer die Zustimmung erklären, so würden sie dies zur Beseitigung der Strafdrohung gegen sich selbst tun. § 85 GmbHG würde damit leerlaufen[44]. Um dies zu verhindern, ist die Zustimmung der Gesellschafter zu verlangen. Folglich löst die eigenmächtige Weitergabe von Unternehmensinterna durch die Manager einen Anspruch der geschädigten GmbH nach § 823 II BGB in Verbindung mit § 85 GmbHG aus.

2. § 263 StGB

Ein Schadensersatzanspruch der GmbH aus § 823 II BGB besteht auch, wenn sich die Geschäftsführer wegen Betrugs strafbar machen, da § 263 StGB ein Schutzgesetz ist[45]. Machen die Geschäftsführer falsche Angaben über das Vermögen der GmbH, Entwicklungschancen oder ihre eigenen Zukunftspläne für das Unternehmen, so täuschen sie durch positives Tun. Die Täuschungshandlung kann dabei in zwei Modalitäten verwirklicht werden, der Vorspiegelung falscher oder der Entstellung wahrer Tatsachen. Die Geschäftsführer spiegeln entweder falsche Tatsachen vor, indem sie Umstände tatsächlicher Art, die in Wirklichkeit nicht vorliegen, als vorhanden oder gegeben hinstellen, oder sie entstellen wahre Tatsachen, indem sie das Gesamtbild zwecks Irreführung verändern oder die Darstellung durch das Hinzufügen oder Weglassen wesentlicher Einzelheiten verfälschen.

Eine Täuschung ist aber nicht nur durch aktives, also ausdrückliches oder schlüssiges Tun, sondern auch durch Unterlassen möglich (§ 13 StGB). Voraussetzung dafür ist, daß der Unterlassende imstande und als Garant rechtlich verpflichtet ist, die Entstehung oder Fortdauer eines Irrtums mit seinen vermögensschädigenden Konsequenzen zu verhindern (§ 13 I StGB).

---

44 So auch *Lutter/Hommelhoff*, GmbHG, § 85, Rz. 4.

45 Vgl. BGHZ 57, 137, 138 f.

Die Geschäftsführer sind aufgrund ihrer organschaftlichen Treuepflicht zur Aufklärung gegenüber der GmbH verpflichtet[46]. Also erfüllt die unzureichende Aufklärung das Tatbestandsmerkmal der Täuschungshandlung in Form der Täuschung durch Unterlassen.

Durch die Täuschung wird bei den für die GmbH Handelnden eine entsprechende Fehlvorstellung, also ein Irrtum erregt, der dazu führt, daß zu Lasten der GmbH ein Kaufvertrag mit einem zu niedrigen Kaufpreis abgeschlossen wird. Die Vermögensverfügung führt damit unmittelbar zu einem Vermögensschaden der GmbH. Der Schaden besteht in der Differenz zwischen dem hypothetischen Kaufpreis, der bei ausreichender Aufklärung vereinbart worden wäre, und dem tatsächlichen Kaufpreis.

Die für den subjektiven Tatbestand des § 263 StGB neben dem Vorsatz erforderliche Bereicherungsabsicht der Geschäftsführer dürfte in den MBO-Fällen der bewußt unterlassenen Aufklärung regelmäßig vorliegen.

3. § 266 StGB

Schließlich führt die Strafbarkeit der Manager wegen Untreue zu einem Anspruch der GmbH aus § 823 II BGB. In Betracht kommt die Erfüllung des Treubruchstatbestandes (§ 266 I 2. Alt. StGB) durch die Geschäftsführer.

Den Geschäftsführern obliegt eine organschaftliche Vermögensbetreuungspflicht für die GmbH[47]. Als Organ stehen die Geschäftsführer in einem rechtlich begründeten Treueverhältnis zu der GmbH. Kraft Gesetzes sowie kraft Rechtsgeschäfts obliegt ihnen die Pflicht, die Vermögensinteressen der GmbH wahrzunehmen. Diese Pflicht bildet den typischen und wesentlichen Inhalt des Treueverhältnisses. Sie ist also dessen Hauptgegenstand und nicht eine bloße Nebenpflicht.

---

46 Damit sind sie Beschützergaranten bzw. Garanten kraft Gesetzes. Wegen der Modalitätenäquivalenz des § 13 I StGB ist im Einzelfall zu prüfen, ob das Verschweigen von Informationen im Unrechtsgehalt einer Täuschung durch positives Tun entspricht.

47 BGH, wistra 1993, 301; *Schönke/Schröder (Lenckner)*, StGB, § 266, Rz. 25.

Die Vermögensbetreuungspflicht wird verletzt, wenn die Geschäftsführer der GmbH wissentlich Schaden zufügen. Dies kann sowohl durch positives Tun als auch durch Unterlassen geschehen.

Geben die Geschäftsführer nicht öffentliche Unternehmensinterna zum Schaden der GmbH weiter, liegt positives Tun vor. Wird das Unternehmen vor der Übernahme schlechtgeredet oder werden die Geschäfte unredlich geführt, handelt es sich ebenfalls um Erfüllung des Tatbestandes durch positives Tun.

Hingegen verletzen die Geschäftsführer ihre Vermögensbetreuungspflicht durch Unterlassen, wenn sie die GmbH beziehungsweise deren Verhandlungsführer nicht über künftige Entwicklungsmöglichkeiten oder einzelne Vermögensgegenstände der Gesellschaft aufklären. Denn aus der Pflicht, alles zu unterlassen, was der GmbH schaden könnte[48], folgt, daß ein Geschäftsführer nicht zulassen darf, daß die Gesellschaft Teile ihres Vermögens gegen eine nicht vollwertige Gegenleistung aufgibt[49]. Seine aktive Förderpflicht gebietet ihm außerdem, beim Verkauf von Vermögensgegenständen einen für die Gesellschaft möglichst günstigen Vertrag anzustreben, regelmäßig also den höchstmöglichen Kaufpreis zu erzielen.

Der durch die Verletzung der Vermögensbetreuungspflicht verursachte Nachteil im Sinn von § 266 I StGB ist der Schaden, der durch das jeweilige Tun oder Unterlassen der Geschäftsführer im Vermögen der GmbH verursacht wird. Dieser ist nach den gleichen Grundsätzen zu bestimmen wie der nach § 43 II GmbHG zu ersetzende Schaden[50].

Hinsichtlich des subjektiven Tatbestandes ist für alle beschriebenen Begehungsformen regelmäßig davon auszugehen, daß der Geschäftsführer die ihm obliegende Vermögensbetreuungspflicht kennt, ihr wissentlich und willentlich zuwiderhandelt und dabei voraussieht oder sich zumindest damit abfindet, daß er durch sein Verhalten dem seiner Betreuung anvertrauten GmbH-Vermögen Schaden zufügt. Dolus eventualis genügt.

---

48 S. allgemein zur Treuepflicht *Scholz (Schneider)*, GmbHG, § 43, Rz. 121 ff; *Hachenburg (Mertens)*, GmbHG, § 43, Rz. 35 ff.

49 Vgl. *Koppensteiner*, ZHR 155 (1991), 97, 110.

50 S. oben 2. Kapitel, B II.

V. § 826 BGB

Die Ziel-GmbH kann beim Vermögenskauf schließlich einen Schadensersatzanspruch unter dem Gesichtspunkt der sittenwidrig begangenen vorsätzlichen Schädigung (§ 826 BGB) haben. Zwar stellt nicht jeder aus eigennützigen Zwecken begangene Verstoß des GmbH-Geschäftsführers gegen die sich aus seiner Organstellung ergebenden Pflichten zugleich einen Verstoß gegen die guten Sitten dar[51]. Doch in besonders krassen Fällen, in denen die Organstellung zur Durchsetzung eigener Interessen in einer Weise mißbraucht wird, die als grobe Mißachtung des Mindestmaßes an Loyalität und Rücksichtnahme zu werten ist, liegt Sittenwidrigkeit vor[52]. Der BGH[53] hat Sittenwidrigkeit in folgendem Fall bejaht, der der Geschäftschancenlehre[54] sehr nahekommt: Ein GmbH-Geschäftsführer nutzte nicht die Chance eines günstigen Grundstückskaufs für die GmbH. Er überließ den günstigen Erwerb einem anderen Unternehmen, an dessen Gewinn er beteiligt war. Später wollte er für die GmbH das Grundstück von dem anderen Unternehmen zu einem viel höheren Preis ankaufen.

Ähnlich stark ist der Mißbrauch der Organstellung in jenen MBO-Fällen, in denen der Geschäftsführer vor der Übernahme das Unternehmen zum Zweck der Kaufpreissenkung absichtlich herunterwirtschaftet. Auch hier ist daher von einer sittenwidrigen Schädigung auszugehen, die einen Anspruch der GmbH aus § 826 BGB auslöst.

Zusammenfassend läßt sich feststellen, daß die Ziel-GmbH beim Vermögenskauf (asset deal) durch Schadensersatzansprüche gegen alle untersuchten Fälle unredlichen Verhaltens der Manager geschützt ist. Die Ansprüche ergeben sich aus § 43 II GmbHG, § 823 II BGB in Verbindung mit §§ 85

---

51 BGH, GmbHR 1989, 365, 368; wohl auch *Schießl*, GmbHR 1988, 53, 56.

52 BGH, GmbHR 1989, 365, 368.

53 GmbHR 1989, 365, 368.

54 Diese Lehre wurde rechtsvergleichend aus der Corporate Opportunity Doctrine des US-amerikanischen Rechts entwickelt. Sie verbietet dem Geschäftsführer, Geschäftschancen der Gesellschaft an sich zu ziehen. Damit konkretisiert die Lehre die organschaftliche Treuepflicht. Vgl. *Mestmäcker*, S. 166 ff; *Immenga*, S. 156 ff; *Weisser*, S. 125 ff. S. auch allgemein zur Geschäftschancenlehre sowie zur Ausweitung dieser Lehre auf Gesellschafter *Kübler/Waltermann*, ZGR 1991, 162, 165 ff.

GmbHG, 263, 266 StGB und aus § 826 BGB. Den Managern obliegen gegenüber der Ziel-GmbH entsprechende Verhaltens- und Unterlassungspflichten. Insbesondere müssen die Manager aufgrund ihrer organschaftlichen Treuepflicht ihr Sonderwissen über die Ziel-GmbH gegenüber dieser im Grundsatz offenbaren.

C. Pflichten der Manager gegenüber den Altgesellschaftern und Schadensersatzansprüche der Altgesellschafter beim Anteilskauf

Die Pflichten, die den Geschäftsführern beim Vermögenskauf obliegen, haben ihre Grundlage in der organschaftlichen Treuepflicht. Diese besteht unmittelbar nur gegenüber der GmbH. Sie wird zwar nicht verändert, wenn der MBO in Form des Anteilskaufs durchgeführt wird. Doch die Berufung auf sie nützt den Altgesellschaftern wenig, wenn nur ihnen beim Anteilskauf ein Schaden entsteht. Denn ein eigener Schadensersatzanspruch der Altgesellschafter setzt voraus, daß die Geschäftsführer eine Pflicht gegenüber den Gesellschaftern verletzen. Da die Gesellschafter einer GmbH - abgesehen von der kaufrechtlichen Beziehung anläßlich des Buy-Out - grundsätzlich keine unmittelbare Rechtsbeziehung zu den Geschäftsführern haben, sondern nur eine indirekte über die GmbH, ist die Begründung von Pflichten problematisch. Gleichwohl besteht hinsichtlich der Interessenlage ein gewisses Bedürfnis, den Managern beim Anteilskauf ähnliche Pflichten aufzuerlegen wie beim Vermögenskauf. Dies wird deutlich, wenn man sich vor Augen hält, daß die Wahl des MBO-Erwerbsmodells - Vermögens- oder Anteilskauf - oft nur von steuerlichen Gesichtspunkten abhängt. Die Verkäuferseite ist nicht weniger schutzbedürftig, nur weil wegen der Gesamtumstände ein Anteilserwerb steuerlich günstiger ist. Ebensowenig wäre es im Ergebnis verständlich, wenn die Manager beim Vermögenskauf etwa ihr Sonderwissen über Vermögenswerte der GmbH offenbaren und damit einen hohen Kaufpreis ermöglichen müßten, wenn sie dagegen beim Anteilskauf dasselbe Sonderwissen für sich behalten und den Kaufpreis niedrig halten dürften. Das Interesse der Käuferseite an einem niedrigen Kaufpreis ist unabhängig davon, welche äußere Erwerbsform gewählt wird.

Im folgenden sollen die möglichen Pflichten jeweils gesondert untersucht werden. Dabei ist auf mögliche Anspruchsgrundlagen für Schadensersatzansprüche sowie auf die dogmatischen Grundlagen der Pflichten einzugehen. Schließlich sollen die Rechtsfolgen von Schadensersatzansprüchen dargestellt werden.

I. Aufklärungs- oder Offenbarungspflicht

Behalten die Manager ihr werthaltiges Sonderwissen über die GmbH für sich und werden die Altgesellschafter deshalb durch einen niedrigen Kaufpreis geschädigt, so kommen verschiedene Anspruchsgrundlagen in Betracht.

1. Mögliche Anspruchsgrundlagen der Altgesellschafter gegen die Manager

a. Kein Anspruch aus § 43 II GmbHG

§ 43 II GmbHG begründet nach dem eindeutigen Wortlaut nur einen Schadensersatzanspruch für eine geschädigte GmbH, nicht für deren Gesellschafter. In dieser Vorschrift kommt das Prinzip der Haftungskanalisierung über die Gesellschaft zum Ausdruck. Es bedeutet, daß die Ersatzleistung des Geschäftsführers allen Gesellschaftsgläubigern und Gesellschaftern in gleicher Weise zugute kommen soll[55].

Haas erörtert eine unmittelbare Außenhaftung des Geschäftsführers gegenüber gesellschaftsfremden Dritten und damit eine Durchbrechung dieser Haftungskanalisierung[56]. Als mögliche Anspruchsgrundlage kommt dann jedoch nicht § 43 II GmbHG in Betracht; vielmehr wird erwogen, ob die Sorgfaltspflicht des Geschäftsführers gegenüber der GmbH aus § 43 I GmbHG drittschützenden Charakter im Sinn des § 823 II BGB zugunsten

55 *Lutter/Hommelhoff*, GmbHG, § 43, Rz. 24.

56 *Haas*, S. 14.

der Gläubiger der GmbH hat[57]. Auf diesen Punkt wird daher im Rahmen der Untersuchung von § 823 II BGB[58] eingegangen.

b. *Culpa in contrahendo*

In Betracht kommt ein Schadensersatzanspruch wegen Verschuldens bei Vertragsschluß. Dessen zentrale Voraussetzung ist, daß die Manager bei den MBO-Verhandlungen eine Pflicht verletzen[59]. Entscheidend ist also, ob die Manager verpflichtet sind, ihr Wissen über wertvolle Vermögensgegenstände der GmbH oder über zukünftige Geschäftschancen zu offenbaren, und ob diese Pflicht gerade gegenüber den Altgesellschaftern besteht. Denn falls die Manager von Rechts wegen ihre Kenntnisse vor den Altgesellschaftern geheimhalten dürften, könnten letztere selbst bei einem objektiv zu niedrigen Kaufpreis keinen Ersatz verlangen.

c. *Positive Vertragsverletzung des Anstellungsvertrages als Vertrag mit Schutzwirkung für Dritte?*

§ 43 II GmbHG scheidet als Anspruchsgrundlage für die Gesellschafter aus, weil er nicht das Verhältnis zwischen Gesellschaftern und Geschäftsführern betrifft. Ansprüche wären aber wegen positiver Vertragsverletzung denkbar, falls der Anstellungsvertrag des Geschäftsführers als Vertrag mit Schutzwirkung für die Gesellschafter anzusehen wäre. Der Schadensersatzanspruch eines Gesellschafters könnte sich daraus ergeben, daß der Geschäftsführer eine ihm gegenüber der GmbH obliegende Offenbarungspflicht verletzt und dadurch das Vermögen des Gesellschafters schädigt[60].

---

57 *Haas*, S. 18.

58 S. unten 2. Kapitel, C I 1 e.

59 S. allgemein zur Haftung wegen culpa in contrahendo *Palandt (Heinrichs)*, BGB, § 276, Rz. 65 ff.

60 Allgemein zum Vertrag mit Schutzwirkung für Dritte BGHZ 49, 350, 353 ff; *Palandt (Heinrichs)*, BGB, § 328, Rz. 13 - 20; MüKo (*Gottwald*), BGB, § 328, Rz. 78 - 138; *Soergel (Hadding)*, BGB, Anh. § 328; *Erman (Westermann)*, BGB, § 328, Rz. 11 - 16; *Hübner*, VersR 1991, 497 - 500. Der Drittschutz erstreckt sich

Ein Vertrag entfaltet Schutzwirkung für Dritte, wenn der Dritte bestimmungsgemäß den Gefahren von Schutzpflichtverletzungen ebenso ausgesetzt ist wie der Gläubiger selbst ("Leistungsnähe"[61]), wenn ein Vertragspartner ein Interesse an der Einbeziehung des Dritten in den Schutzbereich des Vertrages hat, wenn dieses Interesse für den anderen Vertragspartner bei Vertragsschluß erkennbar und der einbezogene Personenkreis von vornherein überschaubar und abgrenzbar ist. Schließlich muß der Dritte schutzbedürftig sein. Er darf also keinen eigenen Vertragsanspruch haben[62].

Ob der Anstellungsvertrag des Geschäftsführers drittschützende Wirkung zugunsten der Gesellschafter hat, ist umstritten[63] und insbesondere wegen des Kriteriums der Leistungsnähe sehr zweifelhaft. Der BGH[64] hat bisher die Schutzwirkung des GmbH-Geschäftsführervertrags nur zugunsten der beherrschten GmbH & Co. KG bejaht und damit eine Haftung des Geschäftsführers des herrschenden Unternehmens im Konzern begründet.

Selbst wenn man den Anstellungsvertrag oder wenigstens die gegenüber der GmbH bestehenden Offenbarungspflichten des Geschäftsführers als drittschützend ansehen würde, könnten die Gesellschafter beim MBO-Anteilskauf hieraus keine Ersatzansprüche herleiten. Denn die Einbeziehung eines Dritten in den Schutzbereich eines fremden Vertrages verschafft dem Dritten einen eigenen Ersatzanspruch nur wegen der in diesem Schutzbe-

---

nicht nur auf Körper-, sondern auch auf Vermögensschäden, vgl. *Soergel (Hadding)*, BGB, Anh. § 328, Rz. 18.

61 *Erman (Westermann)*, BGB, § 328, Rz. 13.

62 Zu den Voraussetzungen im einzelnen BGHZ 70, 327, 329 f; MüKo (*Gottwald*), BGB, § 328, Rz. 86 - 92; *Soergel (Hadding)*, BGB, Anh. § 328, Rz. 13 - 17.

63 Verneinend: *Scholz (Schneider)*, GmbHG, § 43, Rz. 213; *Meyer-Landrut/Miller/Niehus*, GmbHG, § 43, Rz. 2; *Baumbach/Hueck (Zöllner)*, GmbHG, § 43, Rz. 2a.

Teilweise bejahend: noch *Hachenburg (Schilling)*, GmbHG, 6. Aufl., § 43, Anm. 23 für den Fall, daß nach der Gestaltung der Gesellschaftsverhältnisse ein enges Zusammenwirken zwischen Geschäftsführer und Gesellschaftern vorliegt. Nach *K. Schmidt*, GesR, § 36 II 4 c sollen einzelne Pflichten aus der Sonderrechtsbeziehung zwischen Geschäftsführer und Gesellschaft drittschützenden Charakter haben können. *Kion*, BB 1984, 864, 868: nur bei "besondere(n) Anhaltspunkte(n) aus dem Anstellungsvertrag selbst", im allgemeinen aber verneinend.

64 BGHZ 75, 321, 323 ff m. Anm. *Hüffer*, ZGR 1981, 348 ff.

reich liegenden Schäden[65]. Beim MBO in Form des share deal werden die Geschäftsführer aber gerade nicht aufgrund des Anstellungsvertrages tätig. Vielmehr begründen sie ähnlich wie außenstehende Dritte eine Sonderbeziehung zu den Altgesellschaftern. Schädigen sie die Gesellschafter, so bedeutet dies keine Verletzung des Anstellungsvertrages. Folglich liegen etwaige Schäden außerhalb des Schutzbereichs des Anstellungsvertrages. Ein Anspruch wegen positiver Vertragsverletzung des Anstellungsvertrages ist nicht gegeben.

d. § 823 I BGB - Mitgliedschaft als sonstiges Recht

Ein Anspruch kann sich aus § 823 I BGB ergeben, wenn die Nichtoffenbarung von werthaltigem Sonderwissen ein absolutes Recht der Altgesellschafter verletzt. Die Nichtoffenbarung könnte die Mitgliedschaft als ganze oder einzelne Mitgliedsrechte beeinträchtigen.

Ob der deliktsrechtliche Schutz des § 823 I BGB hier anwendbar ist, ist umstritten. Bereits das RG[66] hatte die Mitgliedschaft in einer Kapitalgesellschaft als sonstiges Recht im Sinn von § 823 I BGB qualifiziert. Der BGH hat mit seinem „Schärenkreuzer"- Urteil vom 12. März 1990[67] den deliktsrechtlichen Schutz der Mitgliedschaft auch auf das Verbandsinnenverhältnis, also auf das Verhältnis zwischen Mitglied und Verband beziehungsweise Vorstand erstreckt.

Dieses Urteil hat im Schrifttum überwiegend kritische Stellungnahmen hervorgerufen[68]. Denn das wohl überwiegende gesellschaftsrechtliche Schrifttum, das im Grundsatz die Annahme eines sonstigen Rechts der Mitgliedschaft teilt[69], sieht - im Gegensatz zur Rechtsprechung des BGH - mit Rücksicht auf das mitgliedschaftliche Rechtsverhältnis und die daraus fließenden

---

65 BGHZ 110, 323, 327, 334; *Medicus*, Schuldrecht II, § 140 I 3, Rz. 808.

66 RGZ 100, 274, 278; 158, 248, 255.

67 BGHZ 110, 323, 327 f.

68 S. *Habersack*, S. 173 f mit weiteren Nachweisen.

69 Vgl. *Hachenburg (Mertens)*, GmbHG, § 43, Rz. 105.

gesellschaftsrechtlichen Schutzinstrumentarien Bedenken, im Innenverhältnis des Verbands mit Ansprüchen aus § 823 I BGB zu operieren[70].

Selbst wenn man mit *Habersack* dem „Schärenkreuzer"- Urteil folgt und den deliktsrechtlichen Schutz des § 823 I BGB im Grundsatz auf das Verbandsinnenverhältnis und damit auf das Verhältnis zwischen Gesellschaftern und Geschäftsführern erstreckt[71], setzt die widerrechtliche Beeinträchtigung der Mitgliedschaft als ganzer voraus, daß die Gesellschafter ganz oder teilweise um die Mitgliedsrechte gebracht werden. Der Kern des Rechts selbst muß betroffen sein, nicht nur sein Wert[72].

Veräußert ein Gesellschafter seinen GmbH-Anteil aufgrund fehlender Information unter Wert, so liegt trotz der hinsichtlich des Kaufpreises fehlerhaften Willensbildung dennoch eine freiwillige Verfügung vor; der Gesellschafter erleidet einen reinen Vermögensschaden. Hier wird noch nicht einmal der Wert des GmbH-Anteils beeinflußt, sondern nur das Wissen des Gesellschafters um den tatsächlich vorhandenen Wert. Die Einflußnahme richtet sich also nur auf die Fähigkeit des Gesellschafters, beim Verkauf des Anteils einen seinem Wert entsprechenden Kaufpreis zu nennen. Die Mitgliedschaft als ganze wird also nicht beeinträchtigt.

Nicht nur die Mitgliedschaft als ganze, sondern auch einzelne Mitgliedsrechte sind als sonstige Rechte durch § 823 I BGB geschützt. Ein solches Mitgliedsrecht könnte das Auskunftsrecht des Gesellschafters aus § 51 a GmbHG sein. Wenn Geschäftsführer unberechtigterweise eine verlangte Auskunft verweigern, können sie also schadensersatzpflichtig werden. Da es bei den problematischen MBO-Fällen jedoch gerade darum geht, was der Manager ungefragt von sich aus mitteilen muß, hilft § 51 a GmbHG hier nicht weiter.

---

70 S. die umfassende Darstellung bei *Habersack*, S. 171 ff.

71 *Habersack*, S. 175 ff, 200 ff.

72 *Hachenburg (Mertens)*, GmbHG, § 43, Rz. 105; *Palandt (Thomas)*, BGB, § 823, Rz. 27; s. auch *Habersack*, S. 278 f, der eine deliktische Haftung wegen Beeinflussung des Börsenkurses von Aktien verneint.

e. *§ 823 II BGB in Verbindung mit Schutzgesetzen*

aa. *§ 43 GmbHG*

§ 43 GmbHG betrifft das Verhältnis der Geschäftsführer zur GmbH. Fraglich ist, ob die dort geregelte Sorgfaltspflicht im Umgang mit dem Gesellschaftsvermögen nur der Gesellschaft oder im Sinn des § 823 II BGB auch unmittelbar den Gläubigern der GmbH geschuldet ist. Gegen einen drittschützenden Charakter spricht, daß nach dem gesetzlichen Leitbild das Interesse der Gesellschaft an einer sorgfältigen Führung der Geschäfte in der Regel auch das Gläubigerinteresse an einem sorgsamen Umgang mit den Ressourcen der Gesellschaft umfaßt[73]. Soweit Verhaltensmaßstab für die Geschäftsführung der „ordentliche Geschäftsmann" ist, geht das Gläubigerinteresse im Gesellschaftsinteresse auf, weil insoweit Gesellschafts- und Gläubigerinteressen im Regelfall[74] übereinstimmen werden. Den Gläubigerinteressen ist dann durch § 43 I, II GmbHG ausreichend Rechnung getragen. Der unsorgfältige Umgang des Geschäftsführers mit dem Gesellschaftsvermögen begründet daher grundsätzlich keine haftungsrechtliche Verantwortlichkeit des Leitungsorgans gegenüber den Gesellschaftsgläubigern[75]. *Sandberger*, der sich intensiv mit der Frage beschäftigt, wann eine Außenhaftung des Geschäftsführers nach § 823 I BGB gegenüber Gläubigern der GmbH besteht[76], zieht bei der Geschäftsführerhaftung nach § 823 II BGB die Sorgfaltspflicht des § 43 GmbHG erst gar nicht als Schutzgesetz in Betracht[77].

Beim MBO in Form des Anteilskaufs begründen die Altgesellschafter eine unmittelbare Beziehung zu den Geschäftsführern. Die Altgesellschafter sind

---

73 Vgl. *Haas*, S. 18 f.

74 Zu den Ausnahmen vgl. *Haas*, S. 33 ff, 123 ff.

75 *Haas*, S. 19.

76 *Sandberger*, S. 119 ff, 129 ff („Pflichtenkreistheorie"). *Sandberger* beschränkt seine Untersuchung auf die Haftung des GmbH-Geschäftsführers gegenüber Gesellschaftsgläubigern; ausdrücklich nicht erfaßt ist in seiner Untersuchung die Haftung gegenüber den Gesellschaftern der GmbH oder gegenüber der GmbH selbst, s. S. 34, Fn. 23.

77 Vgl. *Sandberger*, S. 180 ff, 220 ff.

keine Gesellschaftsgläubiger. Doch auch zugunsten einzelner Gesellschafter ist § 43 GmbHG kein Schutzgesetz[78].

Haas[79] untersucht außervertragliche Verhaltenspflichten des Geschäftsführers zum Schutz solcher Personen, die keine Gesellschaftsgläubiger sind, gemäß § 823 I BGB in Verbindung mit Verkehrs(sicherungs)pflichten und gemäß § 823 II BGB in Verbindung mit Schutzgesetzen. Als Anknüpfungspunkt sieht *Haas* die „fehlerhafte Unternehmensleitung" infolge der Verletzung der betriebsinternen Organisationspflicht des Geschäftsführers[80].

Für den Fall des MBO in Form des share deal läßt sich aus den Überlegungen von *Haas* allerdings weder eine Anspruchsgrundlage für die Altgesellschafter noch eine Verhaltenspflicht der Geschäftsführer ableiten. Denn beim MBO in Form des share deal werden die Geschäftsführer gerade nicht als Leitungsorgan der GmbH tätig. Sie begründen vielmehr ähnlich wie außenstehende Dritte eine eigene vertragliche Beziehung zu den Altgesellschaftern. Die Pflichten, die die Geschäftsführer in ihrer Funktion als Leitungsorgan der GmbH treffen, sind folglich nicht anwendbar.

bb. § 263 StGB

Da § 263 StGB ein Schutzgesetz ist[81], sind die Altgesellschafter schadensersatzberechtigt, wenn die Manager einen Betrug begehen. Unproblematisch erfüllen die Manager den Tatbestand des Betrugs, wenn sie falsche Angaben machen über das Vermögen der GmbH, deren Entwicklungschancen oder ihre eigenen Zukunftspläne für das Unternehmen; dann täuschen sie durch positives Tun. Dagegen erfüllt die bloße Nichtoffenbarung von werthaltigem Wissen den Tatbestand des Betrugs in Form der Täuschung durch Unterlassen (§ 13 StGB) nur, wenn die Geschäftsführer zur Offenbarung verpflichtet sind und diese Pflicht gerade gegenüber den Altgesellschaftern besteht.

---

78 Allg. Meinung, vgl. *Lutter/Hommelhoff*, GmbHG, § 43, Rz. 25; *Scholz (Schneider)*, GmbHG, § 43, Rz. 211.

79 *Haas*, S. 211 ff, 223 ff.

80 *Haas*, S. 239 ff, 256 ff.

81 Vgl. BGHZ 57, 137, 138 f.

f. § 826 BGB

Im Gegensatz zu § 823 BGB verlangt ein Anspruch der Altgesellschafter aus § 826 BGB weder die Verletzung eines absoluten Rechtsguts noch den Verstoß gegen ein Schutzgesetz. Ausreichend ist, daß die Manager den Altgesellschaftern vorsätzlich und sittenwidrig einen Vermögensschaden zufügen. Doch auch bei § 826 BGB ist die Unterscheidung zwischen positivem Tun und Unterlassen bedeutsam. Geben Manager den Altgesellschaftern etwa vorsätzlich eine falsche Auskunft über das Unternehmen, damit die Altgesellschafter mit einem objektiv zu niedrigen Kaufpreis einverstanden sind, und ist dieses Vorgehen als sittenwidrig anzusehen, so ist § 826 BGB erfüllt. Geben die Manager jedoch auf Fragen der Altgesellschafter wahrheitsgemäß Auskunft, ohne sie von sich aus darüber hinaus über wertbestimmende Faktoren aufzuklären, so erschöpft sich das „schädigende" Verhalten der Manager in einem Nichtstun. Der Kreis derjenigen, die „nichts tun", ist jedoch weit. Denn die Altgesellschafter aufzuklären unterlassen nicht nur die Manager, sondern jedermann. Ebenso wie bei § 823 I BGB[82] ist daher bei § 826 BGB der Kreis der Ersatzpflichtigen von vornherein einzugrenzen auf diejenigen Personen, die mit der Unterlassung eine Pflicht verletzen[83]. Die Geschäftsführer sind also auch aus § 826 BGB nur ersatzpflichtig, wenn sie gegenüber den Altgesellschaftern zur Offenbarung ihres Sonderwissens verpflichtet sind.

Nach der Rechtsprechung[84] kann für eine persönliche Haftung des GmbH-Geschäftsführers gegenüber einem Dritten nach § 826 BGB ausreichen, daß die GmbH eine Aufklärungspflicht gegenüber dem Dritten hat und der Geschäftsführer diese erfüllen muß. Für die Eigenhaftung des Vertreters ist demnach eine selbständige Aufklärungspflicht des Vertreters gegenüber dem Dritten nicht notwendig. Allerdings besteht beim MBO in Form des share deal für Aufklärungspflichten der Ziel-GmbH gegenüber ihren Altgesellschaftern, die die Manager erfüllen müßten, kein Anhaltspunkt. Denn die Ziel-GmbH ist - abgesehen davon, daß sie das Kaufobjekt darstellt - am

---

82 S. *Medicus*, Schuldrecht II, § 136 II 1, Rz. 748 ff: Während positives Tun die Rechtswidrigkeit bei § 823 I BGB indiziert, sind Unterlassungen nur rechtswidrig, wenn eine Rechtspflicht zum Tun bestand.

83 Vgl. *Erman (Schiemann)*, BGB, § 826, Rz. 13.

84 BGH, WM 1991, 1548, 1551 (Aufklärungspflicht der GmbH gegenüber Vertragspartner über ihre schlechte Vermögenslage); OLG Düsseldorf, WM 1993, 1747 f (Aufklärung bei Börsentermingeschäften).

MBO nicht beteiligt. Außerdem handeln die Geschäftsführer nicht als Vertreter der Ziel-GmbH, sondern im eigenen Namen beziehungsweise für die von ihnen gegründete Neu-GmbH. Daher hängt eine Haftung der Manager aus § 826 BGB davon ab, ob sie unmittelbar gegenüber den Altgesellschaftern eine Aufklärungspflicht trifft.

Zusammenfassend ist festzustellen, daß bei einer unterlassenen Aufklärung Ansprüche der Altgesellschafter aus culpa in contrahendo, § 823 II BGB in Verbindung mit § 263 StGB und aus § 826 BGB in Betracht kommen. Gemeinsame Voraussetzung der Anspruchsgrundlagen ist das Bestehen einer Aufklärungspflicht der Manager gegenüber den Altgesellschaftern.

2. Grundlagen einer Aufklärungs- oder Offenbarungspflicht der Manager

Beim MBO in Form des Vermögenskaufs ergibt sich die Aufklärungspflicht der Geschäftsführer gegenüber der GmbH aus der organschaftlichen Treuepflicht der Geschäftsführer. Im Gegensatz dazu kann beim Anteilskauf, wie sich nachfolgend unter (a.) zeigen wird, eine selbständige Aufklärungspflicht gegenüber den Altgesellschaftern nicht aus dem Gesellschaftsrecht begründet werden. Denkbar wäre eine Begründung aus dem Kaufrecht, denn die Manager treten wie außenstehende Dritte in eine Kaufvertragsbeziehung zu den Altgesellschaftern; eine Aufklärungspflicht könnte als Nebenpflicht des Kaufvertrags bestehen. Doch das ist im Ergebnis zu verneinen (b.). Eine Aufklärungspflicht wäre auch unabhängig von den gesellschaftsrechtlichen oder kaufrechtlichen Beziehungen als selbständige Pflicht möglich, die ihre Grundlage in einem selbständigen Auskunftsvertrag hat. Auch dieser Ansatz führt nicht weiter (c.), ebensowenig wie der Versuch, eine Aufklärungspflicht aus culpa in contrahendo oder aus § 826 BGB abzuleiten (d.). Eine Aufklärungpflicht läßt sich jedoch aus der Vertrauens- und Berufshaftung entwickeln (e.).

a. Gesellschaftsrecht

aa. § 51 a GmbHG

Aus § 51 a GmbHG läßt sich eine Aufklärungspflicht nicht ableiten. Zwar gibt die Vorschrift dem Gesellschafter einen Informationsanspruch. Schuldner dieses Anspruchs ist aber trotz des mißverständlichen Gesetzeswortlautes die GmbH, nicht deren Geschäftsführer[85]. Die GmbH erfüllt ihre Verpflichtung lediglich durch die Geschäftsführer als ausführende Organe[86]. Der Geschäftsführer ist seinerseits gegenüber der GmbH verpflichtet, die verlangte Auskunft zu erteilen. Seine Auskunftspflicht ergibt sich aus der organschaftlichen Treuepflicht.

Außerdem regelt § 51 a GmbHG nur die Auskunftserteilung auf Verlangen des Gesellschafters. Bei den problematischen MBO-Anteilskäufen geht es dagegen vor allem um die Frage, was der Geschäftsführer von sich aus mitteilen muß, und zwar über das hinaus, was der Gesellschafter nach § 51 a GmbHG an Auskünften verlangt hat.

bb. § 43 GmbHG

§ 43 I GmbHG regelt den Sorgfaltsmaßstab, den die Geschäftsführer in Angelegenheiten der Gesellschaft beachten müssen. Die Vorschrift bezieht sich also nur auf das Verhältnis zwischen einer GmbH und ihren Geschäftsführern. Nicht geregelt ist das Verhältnis der Geschäftsführer zu den Gesellschaftern. Aus § 43 GmbHG kann deshalb eine Aufklärungspflicht der Geschäftsführer gegenüber den Altgesellschaftern nicht hergeleitet werden.

---

85 Unstreitig, vgl. OLG Karlsruhe, GmbHR 1985, 59, 60; *Lutter/Hommelhoff*, GmbHG, § 51 a, Rz. 17.

86 OLG Hamm, ZIP 1986, 709, 710; *Scholz (K. Schmidt)*, GmbHG, § 51 a, Rz. 16; *Baumbach/Hueck (Zöllner)*, GmbHG, § 51 a, Rz. 8.

cc. *Informationspflicht parallel zur Lehre von den "corporate opportunities"*

Koppensteiner[87] begründet eine Informationspflicht mit wirtschaftlichen Überlegungen. Zwar geht er davon aus, daß die Geschäftsführer an sich keine besonderen Pflichten gegenüber einzelnen Gesellschaftern haben. Aber er meint, wenn es den Geschäftsführern gestattet sei, werterhebliches Insiderwissen für sich zu behalten, würde das im wirtschaftlichen Ergebnis auf dasselbe hinauslaufen, wie wenn es der Geschäftsführung gestattet wäre, Geschäftschancen der Gesellschaft für sich selbst zu usurpieren[88]. Da letzteres nicht gestattet sei, könne auch ersteres nicht gestattet sein. Denn in beiden Fällen würden Vermögenswerte in Anspruch genommen, die nicht den Geschäftsführern, sondern "der Gesellschaft und damit indirekt auch den Gesellschaftern" zustehen[89]. *Koppensteiner* räumt zwar ein, daß im Fall der Aneignung von Geschäftschancen zunächst das Vermögen der GmbH betroffen wird, während es beim MBO-Anteilskauf um einen unmittelbaren Zugriff auf das Vermögen des Gesellschafters geht. Er stellt jedoch Gesellschafts- und Gesellschaftervermögen gleich, da er dem Interesse der GmbH keinen Eigenwert beimißt, sondern es nur als Zusammenfassung der Interessen der Gesellschafter versteht[90].

Einer solchen Gleichstellung steht das GmbHG mit seiner durchgängigen Trennung der Interessen der GmbH als juristischer Person von denen ihrer Anteilseigner entgegen[91]. Diese Trennung kommt etwa in § 43 III und § 31 VI GmbHG zum Ausdruck, wonach sich die Geschäftsführer einerseits gegenüber der GmbH, andererseits gegenüber den Gesellschaftern schadensersatzpflichtig machen, wenn sie entgegen § 30 GmbHG Einlagen an die Gesellschafter zurückgewähren. Die Lehre von den corporate opportunities konkretisiert die organschaftliche Treuepflicht der Geschäftsführer gegenüber der GmbH[92]. Beim MBO-Anteilskauf geht es dagegen um eine Informationspflicht unmittelbar gegenüber den Gesellschaftern. Da folglich die

---

87 ZHR 155 (1991), 97, 102 f.

88 S. zur Geschäftschancenlehre die Hinweise oben 2. Kapitel, B V (Fn. 54).

89 ZHR 155 (1991), 97, 103.

90 Ebenso für die Aktiengesellschaft *Adams*, AG 1989, 333, 337 f.

91 Vgl. für die Aktiengesellschaft *Lutter/Wahlers*, AG 1989, 1, 11.

92 S. *Weisser*, S. 125 ff.

Inanspruchnahme von Geschäftschancen der GmbH wirtschaftlich nicht mit dem MBO-Anteilskauf gleichgesetzt werden kann, läßt sich aus der Geschäftschancenlehre eine Informationspflicht nicht ableiten.

dd. Organschaftliche Treuepflicht/Loyalitätspflicht

Möglich wäre eine Aufklärungspflicht als Ausprägung einer allgemeinen organschaftlichen Treuepflicht gegenüber den Gesellschaftern. Eine solche ist gesetzlich nicht geregelt. In der Literatur werden vereinzelt ohne nähere Begründung organschaftliche Pflichten gegenüber den Gesellschaftern angenommen. *Schneider*[93] sieht etwa die Pflicht, Auskunft zu erteilen, als organschaftliche Pflicht des Geschäftsführers an, die ihm "auch oder nur gegenüber den Gesellschaftern" obliege. Veräußert ein Gesellschafter aufgrund einer falschen Auskunft des Geschäftsführers seinen Gesellschaftsanteil unter Wert, so soll er nach *Schneider* einen Anspruch auf Schadensersatz haben, "nicht nur gegen die Gesellschaft, sondern auch gegen den Geschäftsführer, wenn dieser seine Informationspflicht schuldhaft verletzt hat". Auch Loyalitätspflichten des Geschäftsführers im Verhältnis zu den Gesellschaftern seien "nicht ausgeschlossen". *Adams*[94] nimmt - für die Aktiengesellschaft - an, daß eine Treuepflicht gegenüber den Aktionären als Gegenstück zu der Entscheidungsfreiheit des Managements bestehe. Auch nach *Otto*[95] sind die Manager als Angestellte des Zielunternehmens verpflichtet, nicht nur dessen Interessen, sondern auch die seiner Anteilseigner wahrzunehmen.

Gegen die Ansicht von *Schneider* ist zunächst einzuwenden, daß es zumindest für den Fall einer bewußt falschen Auskunft - im Gegensatz zu bloßem Schweigen - der Konstruktion einer organschaftlichen Pflicht nicht bedarf. Da die falsche Auskunft den Tatbestand des Betrugs erfüllt, ist der Geschäftsführer den Gesellschaftern bereits nach § 823 II BGB in Verbindung mit § 263 StGB schadensersatzpflichtig. Im übrigen erörtert *Schneider* das Problem, ob der Geschäftsführer von sich aus die Gesellschafter aufklären muß, nicht.

---

93 *Scholz (Schneider)*, GmbHG, § 43, Rz. 212.

94 AG 1989, 333, 337.

95 *Assmann/Schütze (Otto)*, Handbuch, § 26, Rz. 79.

Gegen eine organschaftliche Aufklärungspflicht der Geschäftsführer gegenüber den Gesellschaftern sprechen gewichtige Gründe:

Im GmbHG findet sich - mit Ausnahme des § 31 VI GmbHG - an keiner Stelle ein Anhaltspunkt für eine unmittelbare Rechtsbeziehung zwischen Geschäftsführern und Gesellschaftern. Das Gesetz regelt nur das Rechtsverhältnis der Gesellschafter zur GmbH einerseits (§§ 13 bis 34 GmbHG) und dasjenige der GmbH zu den Geschäftsführern andererseits (§§ 35 ff, insbesondere § 43 GmbHG). Es geht davon aus, daß die Gesellschafter nur mittelbar über die GmbH mit den Geschäftsführern in Beziehung stehen. Organschaftliche Rechte und Pflichten sind also jeweils nur im Verhältnis zur GmbH vorgesehen. Dies gilt trotz des mißverständlichen Wortlauts auch für den Auskunftsanspruch des Gesellschafters nach § 51 a GmbHG[96]. Dem GmbHG ist also eine Treuepflicht des Geschäftsführers gegenüber den Gesellschaftern wesensfremd.

§ 31 VI GmbHG sieht als Ausnahme einen unmittelbaren Schadensersatzanspruch der Gesellschafter gegen die Geschäftsführer vor, wenn letztere Auszahlungen entgegen § 30 GmbHG vornehmen. Die Vorschrift ist als Ausnahme eng auszulegen. Daraus ergibt sich im Umkehrschluß, daß weitere Schadensersatzansprüche aufgrund Gesellschaftsrechts nicht bestehen sollen. Würde man organschaftliche Treuepflichten des Geschäftsführers gegenüber den Gesellschaftern annehmen, so würde deren Verletzung aber gerade zu einem Schadensersatzanspruch aufgrund Gesellschaftsrechts führen.

Schließlich knüpfen organschaftliche Pflichten an die Organstellung an. Das bedeutet, daß organschaftliche Pflichten nur bestehen, wenn die Manager als Organ für die GmbH tätig werden. Der MBO-Anteilskauf berührt jedoch die GmbH - abgesehen davon, daß sie das Kaufobjekt ist - nicht. Er ist weder ein gesellschaftsinterner Vorgang, noch erwerben die Geschäftsführer für die Ziel-GmbH deren eigene Anteile. Vielmehr entsteht eine Außenbeziehung zwischen Gesellschaftern und Geschäftsführern. Dies wird deutlich, wenn man sich vorstellt, der Gesellschafter würde statt der GmbH-Anteile einen anderen Gegenstand aus seinem Vermögen, etwa seine Schallplattensammlung, an den Geschäftsführer veräußern. Die Geschäftsführer werden hier also gerade nicht aufgrund ihrer Organstellung tätig. Organschaftliche Pflichten können nicht greifen.

---

96 S. oben 2. Kapitel, C I 2 a aa.

ee. *Reflex aus Verpflichtungen gegenüber der Ziel-GmbH*

Da das GmbHG ausschließlich eine Rechtsbeziehung des Geschäftsführers zur GmbH vorsieht, läßt sich eine gesellschaftsrechtliche Informationspflicht gegenüber den Gesellschaftern auch nicht als Reflex aus den organschaftlichen oder dienstvertraglichen Verpflichtungen gegenüber der GmbH begründen[97].

Eine selbständige Aufklärungspflicht der Manager gegenüber den Altgesellschaftern kann folglich nicht aus dem Gesellschaftsrecht abgeleitet werden.

b. *Kaufrecht*

In Rechtsprechung und Literatur werden - in anderen als MBO-Fällen - teilweise Offenbarungspflichten als Nebenpflichten zum Kaufvertrag anerkannt. Daher stellt sich die Frage, ob zur Lösung der MBO-Fälle eine Offenbarungspflicht unmittelbar aus dem Kaufrecht hergeleitet werden kann. Hierfür sind die anerkannten Offenbarungspflichten näher zu untersuchen.

Zwar gilt grundsätzlich, daß weder Verkäufer noch Käufer besondere Nebenpflichten treffen; insbesondere gibt es keine allgemeine Rechtspflicht, den Vertragspartner über alle Umstände aufzuklären, die auf seine Entschließung Einfluß haben könnten[98]. Der Kaufvertrag ist mit seinem typischen Interessengegensatz zwischen Verkäufer und Käufer ein Vertrag ohne Über- und Unterordnungsverhältnis. Die Privatautonomie der Vertragsparteien und die daraus folgende Freiheit der Preisgestaltung verbieten es grundsätzlich, dieses Gleichordnungsverhältnis nach der einen oder anderen Seite zu verschieben[99].

Allerdings hat die Rechtsprechung bei besonderen Umständen des Einzelfalles ausnahmsweise Offenbarungspflichten des Verkäufers oder des Käu-

---

97 Ebenso *Weber*, ZHR 155 (1991), 120, 125.

98 Vgl. BGH, NJW 1991, 1223, 1224 m. Anm. *Westermann*, EWiR 1991, 245 f; NJW 1983, 2493, 2494; *Palandt (Putzo)*, BGB, § 433, Rz. 17, 41; *Staudinger (Köhler)*, BGB, § 433, Rz. 126, 206.

99 S. *Staudinger (Köhler)*, BGB, § 433, Rz. 128.

fers angenommen. Entscheidend war jeweils, daß das Verschweigen von Tatsachen aufgrund der konkreten Vertragsbeziehungen zwischen den Partnern gegen den Grundsatz von Treu und Glauben verstieß und der Erklärungsgegner die Mitteilung nach der Verkehrsauffassung erwarten durfte.

Bereits das RG bejahte die Offenbarungspflicht eines Bankiers, der Bergwerksaktien zum Tageskurs verkaufte, obwohl er bereits von einem Wassereinbruch in das Bergwerk unterrichtet war[100]. Ebenso sah das RG ein Unternehmen, das sich zur Lieferung von großen Mengen Eisens verpflichtet hatte, für verpflichtet an, dem Käufer zu offenbaren, daß es seine Lieferpflicht mit einiger Wahrscheinlichkeit nicht würde erfüllen können[101]. Nachdem sich in einem anderen Fall die Parteien eines Kaufvertrages bei den Vertragsverhandlungen darauf geeinigt hatten, daß der Verkäufer den Kaufpreis eines Flugzeuges in bestimmter Weise berechnen würde, hielt der BGH den Verkäufer für verpflichtet, den Käufer zu unterrichten, wenn er zu Lasten des Käufers davon abweichen wollte[102].

Hingegen hat die Rechtsprechung in einigen Fällen zwar eine Aufklärungspflicht des Verkäufers oder des Käufers in Betracht gezogen, im Ergebnis aber offen gelassen[103] oder verneint[104]. So wurde etwa der Verkäufer einer Steuerberatungspraxis nicht für verpflichtet gehalten, den Käufer über strafbare Handlungen des Steuergehilfen aufzuklären[105]. Ebensowenig war der als Wiederverkäufer tätige Kfz-Käufer verpflichtet, dem Kfz-Vertragshändler bei der Bestellung seine Wiederverkaufsabsicht zu offenba-

---

100 RG, Urt. v. 3. Februar 1904 I 404/03, zitiert nach RGZ 111, 233, 235.

101 RGZ 97, 325, 327 f.

102 BGH, NJW 1981, 2050.

103 Z.B. RGZ 151, 361, 366 ff: Zwar ging das RG in einem obiter dictum davon aus, daß der Verkäufer eines unfallbeschädigten Lastzuges "in der Regel" verpflichtet sei, dem Käufer alle Umstände bekanntzugeben, welche die Beschaffenheit des Kaufgegenstandes betreffen und den Kaufentschluß beeinflussen können. Ob allerdings auch im konkreten Fall eine Offenbarungspflicht bestand, konnte das RG mangels hinreichender tatsächlicher Feststellungen nicht entscheiden und verwies den Fall an das OLG zurück.

104 Z.B. BGH, NJW 1983, 2493, 2494 ("Computer-Rabatt"); BGHZ 96, 302, 311 f (Leasing eines nicht fabrikneuen Lkw); ebenso bereits RGZ 111, 233, 235 (keine Aufklärungspflicht über die die Preisbildung beeinflussenden allgemeinen Marktverhältnisse beim Verkauf von Spekulationspapieren).

105 BGH, NJW 1991, 1223, 1224 m. Anm. *Westermann*, EWiR 1991, 245 f.

ren, selbst wenn der Käufer wußte, daß dem Händler vom Hersteller BMW vertraglich untersagt war, Autos an nicht autorisierte Händler zu veräußern[106].

Selbst wenn die Rechtsprechung Aufklärungspflichten eines Verkäufers oder Käufers in konkreten Fällen vielfach verneint, erkennt sie doch die allgemeine Möglichkeit ihres Vorliegens an. Es fragt sich jedoch, ob die Aufklärungspflichten kaufrechtsspezifisch sind und folglich unmittelbar aus dem Kaufrecht abgeleitet werden können.

In dieser Herausbildung von Aufklärungspflichten sieht *Köhler*[107] eine - vom Gesetzgeber an sich nicht vorgesehene - richterliche Fortbildung des Kaufrechts. Köhler hält sie für gerechtfertigt wegen veränderter rechtspolitischer Wertungen und wegen einer zunehmenden rechtlichen, wirtschaftlichen und technischen Komplizierung der Verhältnisse bei Güterproduktion und -umsatz, die zunehmende Risiken und ein zunehmendes Angewiesensein der Vertragspartner aufeinander mit sich gebracht hätten[108]. Auch in den genannten Entscheidungen erscheint die Aufklärungspflicht als kaufvertragliche Nebenpflicht.

Bei näherer Betrachtung zeigt sich allerdings, daß die Aufklärungspflicht nichts mit dem Kaufvertrag selbst zu tun hat. Sie steht in den genannten Entscheidungen zwar neben den kaufrechtlichen Pflichten, wird aber gerade nicht aus dem Kaufrecht abgeleitet. Vielmehr nehmen alle Entscheidungen zur Begründung ausdrücklich auf den Grundsatz von Treu und Glauben Bezug.

Dem Kaufvertrag als reinem Austauschvertrag ohne Über- und Unterordnungsverhältnis ist eine über den Austausch hinausgehende Aufklärungspflicht fremd. Aus dem Kaufrecht ist eine solche Pflicht folglich nicht ableitbar[109]. Daher kann auch beim MBO das Kaufrecht nicht zur Begründung von Aufklärungspflichten der Manager herangezogen werden.

---

106 BGH, NJW 1992, 1222.

107 *Staudinger (Köhler)*, BGB, § 433, Rz. 123.

108 *Staudinger (Köhler)*, BGB, 12. Aufl., Vorb. § 433, Rz.8.

109 St. Rspr. unter Hinweis auf Treu und Glauben, vgl. BGH, NJW 1992, 1222; 1983, 2493, 2494.

c. *Auskunftsvertrag*

Eine Offenbarungspflicht der Manager gegenüber den Altgesellschaftern könnte sich aus einem zwischen ihnen bestehenden Auskunftsvertrag ergeben. Nach der Rechtsprechung kann Grundlage der Haftung für Schaden aus Rat oder Auskunft ein Vertrag sein, dessen Haupt- oder Nebenpflicht eine einmalige oder dauernde Rat- oder Auskunftserteilung ist[110]. Jedoch werden die Parteien eines MBO im Regelfall keine ausdrückliche Vereinbarung darüber treffen, daß die Manager von sich aus vollständige Auskunft über das Unternehmen geben.

Ein Auskunftsvertrag kann nach den Gesamtumständen auch konkludent zustandekommen[111]. In der Sache ist ein solcher Vertrag aber oft fiktiv[112]. Auch bei einem MBO ist kaum denkbar, daß die Manager durch schlüssiges Tun zum Ausdruck bringen, sie wollten einen auf eine entsprechende Pflicht ihrerseits gerichteten Vertrag schließen. Ein Auskunftsvertrag scheidet daher regelmäßig als Grundlage einer Aufklärungspflicht der Manager aus.

d. *Culpa in contrahendo; § 826 BGB*

Die Rechtsprechung nimmt für einige Fallgruppen Aufklärungspflichten je nach den Umständen des Einzelfalls an und stützt sie - vielfach miteinander austauschbar - auf culpa in contrahendo[113] oder unerlaubte Handlung (§ 826 BGB)[114]. Culpa in contrahendo und § 826 BGB werden dabei nicht als bloße Anspruchsgrundlagen, sondern als eigenständige Haftungsgrundlagen herangezogen. Inhalt und Umfang der Haftung bestimmen sich dabei weitgehend unabhängig davon, welche Haftungsgrundlage gewählt wird.

Allerdings wird damit die Frage noch nicht beantwortet, auf welche konkreten Fallgruppen culpa in contrahendo oder § 826 BGB als Haftungsgrundlage anwendbar sein soll. Anderenfalls könnte mit diesen Instrumenten - letzt-

---

110 BGHZ 7, 371, 374 ff; 74, 103, 106; 100, 117, 118; WM 1992, 1246.

111 Zu den Voraussetzungen s. *Baumbach/Hopt*, HGB, § 347, Rz. 13.

112 Vgl. *Baumbach/Hopt*, HGB, § 347, Rz. 22.

113 S. BGHZ 74, 103, 108.

114 Vgl. BGH, NJW 1991, 1106, 1107 f.

lich willkürlich und unbegrenzt - immer dann Aufklärungspflichten statuiert werden, wenn ein Vertragspartner einen Wissensvorsprung vor dem anderen hat. Es gibt jedoch im deutschen Privatrecht wegen des Prinzips der Privatautonomie und der Gleichordnung der Vertragspartner gerade keine allgemeine Rechtspflicht, den Vertragspartner über alle Umstände aufzuklären, die auf seine Entschließung Einfluß haben könnten[115].

Sowohl culpa in contrahendo als auch § 826 BGB sind deshalb für sich betrachtet nicht geeignet zur Begründung von Aufklärungspflichten. Sie sind nur Anspruchsgrundlagen und setzen das Bestehen solcher Pflichten voraus.

e. *Vertrauens- und Berufshaftung*

Die neuere Lehre und der Sache nach auch die neuere Rechtsprechung sehen bei einigen Fallgruppen - in anderen als MBO-Fällen - den Grund für eine Haftung wegen fehlender Aufklärung in einer Vertrauens-[116], Sachwalter- oder Berufshaftung. Dies stellt gegenüber culpa in contrahendo oder § 826 BGB keinen Gegensatz, sondern eine Konkretisierung des gesetzlichen Schuldverhältnisses dar.

Zu untersuchen ist, in wieweit die Grundsätze der Vertrauens- und Berufshaftung auf MBO-Manager anwendbar sind. Zunächst soll ein Überblick über die von der Rechtsprechung entwickelten Fallgruppen von Aufklärungspflichten gegeben werden. Ein Vergleich der Fallgruppen mit typischen MBO-Vorgängen wird zeigen, daß jeweils dieselben Prinzipien zugrunde liegen. Dies rechtfertigt den Schluß, auch beim MBO Aufklärungspflichten der Manager aus der Vertrauens- und Berufshaftung zu begründen.

---

115 S. für den Kaufvertrag BGH, NJW 1991, 1223, 1224; NJW 1983, 2493, 2494; *Palandt (Putzo)*, BGB, § 433, Rz. 17, 41; *Staudinger (Köhler)*, BGB, § 433, Rz. 126, 206.

116 Grundlegend zur Vertrauenshaftung *Canaris*, Die Vertrauenshaftung im deutschen Privatrecht.

aa. Von der Rechtsprechung entwickelte Fallgruppen von Aufklärungspflichten

aaa. Kapitalanlegerschutz

In zahlreichen Entscheidungen hat die Rechtsprechung Aufklärungspflichten der Banken und Anlageberater bei Kapitalanlagen, vor allem bei Warentermingeschäften, begründet[117]. Danach gilt der Grundsatz, daß die Bank bzw. der Anlageberater einen Kunden umfassend über die Chancen und vor allem die Risiken einer Geldanlage aufklären muß, wobei die Pflicht umso umfangreicher ist, je komplizierter die Geldanlage[118] und je unerfahrener der Kunde[119] ist. Mitzuteilen sind alle entscheidungserheblichen Umstände[120]. Auch bloße Anlagevermittler sind verpflichtet, den in die Einzelheiten der Geschäftsabwicklung nicht eingeweihten Kunden über die wirtschaftlichen Zusammenhänge und Risiken der vermittelten Geschäfte aufzuklären[121], wenngleich der Aufklärungsbedürftige vom normalen Anlagevermittler nicht so viel erwarten kann wie vom Anlageberater[122].

Die Aufklärungspflicht wurde in den genannten Entscheidungen auf die Geschäftsverbindung[123], culpa in contrahendo[124] oder § 826 BGB[125] gestützt.

---

117 St. Rspr., s. RGZ 126, 50, 52; BGHZ 80, 80, 82; BGH, NJW 1973, 456, 457; NJW 1981, 1440; BB 1981, 695 m. Anm. *Rössner*; BB 1981, 1912; NJW 1982, 1095, 1096; NJW 1982, 2815, 2816; WM 1983, 300; WM 1984, 766, 767; WM 1984, 960; NJW 1991, 1106 (Aktienoption); NJW 1992, 1879, 1880 (Warentermindirektgeschäft); NJW 1993, 257, 258 (Stillhalteroption); NJW 1993, 2433; WM 1993, 1238, 1239; NJW 1994, 997.

118 Vgl. BGH, NJW 1981, 1440 (Warenterminoptionsgeschäfte).

119 OLG München, OLGE 28, 204 (einfache Frau vom Lande mit geringer Bildung).

120 BGHZ 116, 7, 12.

121 OLG Düsseldorf, NJW 1995, 404.

122 BGH, NJW 1982, 1095, 1096; WM 1993, 1238, 1239.

123 OLG München, OLGE 28, 204.

124 Z. B. OLG Düsseldorf, NJW 1995, 404 (Bekl. zu 1).

125 Z. B. BGH, NJW 1982, 2815, 2816; WM 1983, 300; NJW 1991, 1106, 1107.

bbb. Prospekthaftung

Neben der besonderen börsen- und investmentrechtlichen Prospekthaftung, die gesetzlich genau geregelt ist[126], hat die Rechtsprechung vor allem zur Publikumsgesellschaft die allgemeine zivilrechtliche Prospekthaftung entwickelt[127]. Nach ihr sind beitretende Gesellschafter[128], die durch einen (Werbe-)Prospekt oder durch sonstige Angaben beim Vertrieb der Gesellschaftsanteile auf dem Kapitalmarkt schuldhaft irregeführt wurden, zum Schadensersatz berechtigt. Die zivilrechtliche Prospekthaftung ist in Voraussetzungen, Anspruchsinhalt und Rechtsfolgen deutlich weiter als die börsen- und investmentrechtliche Prospekthaftung.

Gehaftet wird für Vollständigkeit, Richtigkeit und Klarheit der Prospekte[129].

Der Kreis der Haftenden geht über den unmittelbar Irreführenden, also in der Regel die den Aufnahmevertrag abschließende Komplementär-GmbH, weit hinaus. Alle Initiatoren, Gründer und Gestalter der Publikumsgesellschaft, die das Management bilden - etwa die Geschäftsführer der Komplementär-GmbH -, haften für die Prospekte, die mit ihrem Wissen und Willen in den Verkehr gebracht wurden[130]. Ebenso haften solche Personen, die in der Gesellschaft besonderen Einfluß ausüben, ohne der Geschäftsleitung anzugehören[131]. Die Haftung trifft schließlich auch Rechtsanwälte, Wirtschaftsprüfer und andere berufsmäßige Sachkenner, wenn sie, ohne Vertreter der Gesellschaft zu sein, durch ihr nach außen in Erscheinung tretendes Mitwirken am Prospekt einen Vertrauenstatbestand schaffen[132].

Als Anspruchsgrundlage wird in der Regel culpa in contrahendo herangezogen.

---

126 S. §§ 45-49 BörsG, § 20 KAGG, § 12 AuslInvestmG.

127 Grundlegend zur Prospekthaftung *Assmann*, Prospekthaftung.

128 In der Regel Kommanditisten.

129 S. BGHZ 74, 103, 110; BGH, NJW 1982, 2823, 2824; NJW 1984, 865, 866.

130 BGHZ 71, 284, 287.

131 BGHZ 72, 382, 385 ff.

132 BGHZ 77, 172, 176 f; BGHZ 74, 103, 109 f (Kapitalanlagevermittler); NJW 1984, 865, 866 (Rechtsanwalt, der die Einzahlung auf Anderkonto sichern soll); BGHZ 93, 264, 266 (Banken bei Aktivitäten über die Rolle als Kreditgeber hinaus).

ccc. Eigenhaftung des Vertreters oder Sachwalters

Im Regelfall haften nur die (zukünftigen) Vertragspartner einander. Doch die Rechtsprechung macht Ausnahmen von diesem Grundsatz. In einigen Fällen haftet auch der Vertreter des Vertragspartners selbst wegen unterlassener Aufklärung. So nahm bereits das RG[133] eine eigene Aufklärungspflicht desjenigen Vertreters, der gleichsam in eigener Sache verhandelte ("Stellung als eine Art von procurator in rem suam"), für solche Tatsachen an, die für die Entschließung des anderen Teils erkennbar von Bedeutung sein können[134]. Dessen Geschäftsungewandtheit wurde dabei als Kriterium der Schadensverteilung angesehen. Auch der BGH[135] sah eine Eigenhaftung des Vertreters gegeben aufgrund ihm obliegender Aufklärungspflichten. Grundsätzlich wird die Eigenhaftung des Vertreters vor allem an das besondere Verhandlungsvertrauen des anderen Teils in die Fachkenntnisse des Vertreters geknüpft[136]. Diese Eigenhaftung gilt auch für den GmbH-Geschäftsführer[137].

In der Rechtsprechung wurde in personeller Hinsicht die Vertreterhaftung noch ausgedehnt zur Sachwalterhaftung[138]. Als finanzieller Sachwalter gilt etwa ein Dritter, der dadurch gegenüber dem anderen Teil einen besonderen Vertrauenstatbestand schafft, daß er - bei zweifelhafter finanzieller Leistungsfähigkeit des Vertragspartners - eigenen Einfluß auf die Finanzierung und Abwicklung des Geschäfts zu haben vorgibt[139].

Als Haftungsgrundlage wird meist culpa in contrahendo herangezogen. Wann der Vertreter im Einzelfall haftet, ist in der Rechtsprechung noch nicht abschließend geklärt. Kriterien sind etwa das in Anspruch genommene be-

---

133 RGZ 120, 249, 252 f.

134 Im Fall von RGZ 120, 249 ff wurden hierzu Hindernisse für die Erfüllung oder fristgemäße Erfüllung des in Aussicht genommenen Vertrags gerechnet.

135 S. BGHZ 56, 81, 83 ff (Baufinanzmakler); WM 1985, 1520, 1521 (keine Haftung eines Alleinvertriebsberechtigten ausländischer Aktien, die er nicht selbst vertreibt).

136 Vgl. auch *Ballerstedt*, AcP 151 (1951), S. 501, 521 ff.

137 BGH, WM 1991, 1548, 1549; NJW 1990, 389; OLG Düsseldorf, WM 1993, 1747.

138 BGHZ 56, 81, 86; dazu *Hopt*, AcP 183 (1983), S. 608, 626 f; *Schwark*, JZ 1980, 741, 745.

139 BGH, NJW 1978, 1374 f ("nachvertragliche" Vertrauenshaftung entsprechend der Haftung aus Verschulden bei Vertragsschluß) m. Anm. *Hohloch*, NJW 1979, 2369 ff.

sondere Vertrauen oder das Eigeninteresse des Vertreters am Vertragsschluß.

ddd. Gebrauchtwagenhändler

Gebrauchtwagenhändler verkaufen Wagen nicht im eigenen Namen, sondern nur im Namen des bisherigen Eigentümers weiter. Dies hat vor allem steuerliche Gründe. Die Rechtsprechung hat den Gebrauchtwagenhändlern eine eigene Aufklärungspflicht auferlegt[140]. Die Gebrauchtwagenhändlerfälle können als besondere Fälle der Sachwalterhaftung angesehen werden[141].

Der Händler wird für verpflichtet gehalten, den Käufer über bestimmte Mängel des Fahrzeugs[142] von sich aus aufzuklären[143]. Der Händler hat insofern sogar eine eigene Prüfpflicht[144]. Die unterlassene Aufklärung bedeutet arglistiges Verschweigen[145].

Die Haftung des Gebrauchtwagenhändlers wird daran geknüpft, daß der unerfahrene private Käufer sich vor für ihn nicht erkennbaren Mängeln des Fahrzeugs schützen will und sich daher bewußt an einen Fachmann und nicht an einen privaten Verkäufer wendet.

bb. Merkmale und Prinzipien der Fallgruppen von Aufklärungspflichten

Die von der Rechtsprechung herausgebildeten Fallgruppen von Aufklärungspflichten - Kapitalanlegerschutz, Prospekthaftung, Eigenhaftung des Vertreters oder Sachwalters, Gebrauchtwagenhändler - entstammen zwar

---

140 BGHZ 63, 382, 384 ff; BGH, WM 1976, 614 f; NJW 1977, 1914, 1915; 1979, 1707; 1980, 2184, 2185; BGHZ 79, 281, 286; 87, 302, 304 f.

141 S. *Hopt*, AcP 183 (1983), S. 608, 699.

142 Z. B. über die Tatsache, daß es sich um einen Unfallwagen handelt.

143 Vgl. BGHZ 63, 382, 384 f.

144 BGH, NJW 1983, 217, 218.

145 BGHZ 63, 382, 387.

unterschiedlichen Lebensbereichen. Ihnen liegen jedoch dieselben drei Prinzipien zugrunde.

Das erste gemeinsame Prinzip ist die besondere Sachkunde des Verpflichteten aus einem bestimmten Beruf oder Gewerbe. Der Fachmann[146] tritt als solcher der anderen Partei gegenüber und macht sich seine berufliche Spezialisierung geschäftlich zunutze[147]. So gehört es gerade zur geschäftlichen Betätigung von Banken, Anlageberatern und -vermittlern, über Chancen und Risiken von Geldanlagen Bescheid zu wissen. *Hopt* erklärt die Aufklärungspflicht der Banken beim Effektenhandel mit einem in der geltenden Rechtsordnung zum Ausdruck kommenden Anlegerschutzprinzip[148], das zu einem gesetzlichen Schuld- und Schutzverhältnis zwischen Bank und Effektenkunden führt[149]. Die Aufklärungspflicht sei dabei eine unter mehreren Berufspflichten der Banken, das heißt derjenigen Pflichten, die gerade an die Berufstätigkeit der Banken anknüpfen[150].

In gleicher Weise gehören der Vertrieb von Anteilen an Publikumsgesellschaften auf dem Kapitalmarkt und die Mitwirkung an entsprechenden Prospekten zur beruflichen Betätigung von Managern, Rechtsanwälten und Wirtschaftsprüfern einer Publikumsgesellschaft. Auch die Eigenhaftung des Vertreters oder Sachwalters wird vor allem an die beruflichen Fachkenntnisse geknüpft. Besonders anschaulich ist die berufliche Sachkunde im Fall der Gebrauchtwagenhändler.

Neben der besonderen beruflichen Sachkunde des einen ist allen Fallgruppen als zweites Prinzip die Aufklärungsbedürftigkeit des anderen gemeinsam. Der unerfahrene Kunde übersieht nicht die Chancen und Risiken einer Kapitalanlage. Der einer Publikumsgesellschaft Beitretende kennt die Gesellschaft und ihre Ausgestaltung im einzelnen nicht. Der unerfahrene private Gebrauchtwagenkäufer ist nicht in der Lage, Mängel des Fahrzeugs zu erkennen. Auch in den sonstigen Vertreter- und Sachwalterfällen hat der Vertragspartner meist einen Wissens- oder Erfahrungsnachteil gegenüber dem Vertreter oder Sachwalter.

---

146 S. zur Haftung von Fachleuten *Grunewald*, JZ 1982, 627 ff.

147 *Hopt*, AcP 183 (1983), S. 608, 650.

148 *Hopt*, Der Kapitalanlegerschutz im Recht der Banken, S. 345, 385.

149 *Hopt*, Der Kapitalanlegerschutz im Recht der Banken, S. 411 f.

150 *Hopt*, AcP 183 (1983), S. 608, 706.

In allen Fällen hat der Sachkundige also die Möglichkeit, den eigenen Wissens- und Erfahrungsvorsprung auf Kosten unerfahrener, auf Fairness angewiesener anderer auszunutzen[151]. Dagegen wird nur eine geringe Pflichtenintensität angenommen, wenn der andere selbst Branchenkenner ist[152].

Das dritte Prinzip ist das erkennbare Vertrauen des Unwissenden auf die beruflichen Fähigkeiten und Angaben des Spezialisten; der Spezialist nimmt dieses Vertrauen beruflich in Anspruch. So vertraut der Wertpapierkunde der beruflichen Aktivität, dem Rat und dem Schweigen der Anlageberater; und auch wenn er ihm mißtraut, bleibt ihm doch mangels eigener Fachkompetenz allenfalls der Wechsel zu einem anderen Anlageberater, auf dessen kompetente Berufsausübung und Fachkunde er wiederum voll angewiesen ist. Der einer Publikumsgesellschaft Beitretende vertraut mangels eigener Informationsquellen darauf, daß der beruflich erstellte Prospekt wahr, klar und vollständig ist. Der private Gebrauchtwagenkäufer wendet sich an einen Händler im Vertrauen darauf, daß dieser aufgrund seiner Fachkunde etwaige Mängel feststellt und ihn kompetent berät. Ebenso vertraut der Aufklärungsbedürftige in den Vertreter- und Sachwalterfällen meist auf die Fachkenntnisse seiner Verhandlungspartner.

Diese drei Prinzipien der Vertrauens- und Berufshaftung - berufliche Sachkunde des einen, Aufklärungsbedürftigkeit des anderen, Vertrauen des anderen auf die beruflichen Angaben des Spezialisten - liegen also den von der Rechtsprechung herausgebildeten Fallgruppen von Aufklärungspflichten zugrunde. Zwar ist im Zivilrecht noch keine Rede von einem generellen Prinzip, wonach Unerfahrenheit, Ungeschick, Uninformiertheit oder Schutzbedürftigkeit des einen Partners automatisch Aufklärungs- und Beratungspflichten des anderen auslösen würden[153]. Wer jedoch als beruflicher Spezialist auftritt, muß sich an dieser Berufsrolle festhalten lassen[154]; er kann nicht nur die Vorteile seiner Berufstätigkeit unter Abweisung von Pflichten und Lasten in Anspruch nehmen[155].

---

151 S. BGH, NJW 1982, 2815, 2816.

152 Vgl. BGH, WM 1980, 284, 287.

153 S. *Hopt*, Der Kapitalanlegerschutz im Recht der Banken, S. 243.

154 *Grunewald*, JZ 1982, 627, 630 spricht von einem "Sonderrecht für Fachleute".

155 Vgl. *Hopt*, AcP 183 (1983), S. 608, 650; s. auch *v. Bar*, Verkehrspflichten, S. 226 ff; *Lammel*, AcP 179 (1979), S. 337, 358 ff (zur beruflichen Auskunftshaftung); *Mertens*, AcP 178 (1978), S. 227, 240 f, 247 f, 252.

cc. Anwendbarkeit der Prinzipien auf MBO

Dem MBO in Form des Anteilskaufs liegen typischerweise dieselben drei Prinzipien zugrunde wie den von der Rechtsprechung herausgebildeten Fallgruppen von Aufklärungspflichten.

aaa. Erstes Prinzip: Berufliche Sachkunde des einen

Die Manager der Ziel-GmbH haben besondere Sachkunde und besonderes Wissen über die Gesellschaft, die sie leiten. Diese Sachkunde haben sie nicht als Privatpersonen, sondern gerade aufgrund ihrer beruflichen Stellung im Unternehmen. Denn zur Leitung des Unternehmens wurden sie aufgrund ihrer beruflichen Fähigkeiten von den Altgesellschaftern eingesetzt. Folglich sind die GmbH-Manager den Altgesellschaftern schon vor dem MBO-Vorgang als Fachleute gegenübergetreten; nur durch Nutzung ihrer beruflichen Spezialisierung ist es ihnen gelungen, überhaupt als Manager berufen zu werden. Während ihrer beruflichen Tätigkeit in der Gesellschaft hatten sie dann geradezu die Aufgabe, ein möglichst genaues Wissen über die Gesellschaft zu erlangen. Dazu gehört sowohl das Wissen über künftige Chancen als auch über die einzelnen Vermögensgegenstände der Gesellschaft.

bbb. Zweites Prinzip: Aufklärungsbedürftigkeit des anderen

Bei allen Hauptanwendungsfällen des MBO kennen die Altgesellschafter das Unternehmen regelmäßig wesentlich schlechter als die Geschäftsführer. Etwa beim MBO eines Familienbetriebs ohne Nachfolger in der Familie sind die Erben des verstorbenen Unternehmensgründers regelmäßig unerfahren in den betrieblichen Angelegenheiten. Selbst wenn der Unternehmensgründer noch lebt, sich jedoch aus dem aktiven Geschäft bereits zurückgezogen hat, wird er nicht mehr alle Einzelheiten des Betriebs wissen. Auch wenn ein Konzern eine Tochtergesellschaft im Wege des MBO veräußert, sind bei der Konzernmutter regelmäßig nicht alle Details über die Tochtergesellschaft bekannt. Dies gilt umso mehr, je selbständiger die Tochtergesellschaft bis dahin agieren konnte. Bei MBO-Privatisierungen durch die Treuhandanstalt schließlich war es angesichts des erforderlichen Privatisierungstempos von Anfang an für die Treuhandanstalt unmöglich, die Betriebe in allen Einzelheiten zu kennen. In allen MBO-Fällen sind die Altgesellschafter also typischerweise auf die Aufklärung über die Unternehmensdetails durch die Manager angewiesen.

ccc. Drittes Prinzip: Vertrauen des anderen auf die beruflichen Angaben des Spezialisten

In allen MBO-Fällen nehmen die Manager ihre Aktivitäten gerade aufgrund ihrer Leitungsfunktion vor. Auch ihre Angaben gegenüber den Altgesellschaftern machen sie in dieser Funktion und damit beruflich. Die Altgesellschafter vertrauen auf die beruflichen Handlungen und Angaben der Manager. Insbesondere vertrauen sie darauf, daß die Manager die Angaben, die letztlich nur sie in ihrer Funktion als Manager machen können, richtig, klar und vollständig machen.

ddd. Fazit

Dem MBO liegen dieselben drei Prinzipien zugrunde wie den von der Rechtsprechung anerkannten Fallgruppen von Aufklärungspflichten. Dort resultieren die Aufklärungspflichten aus der Vertrauens- und Berufshaftung. Aus der Tatsache, daß die drei Prinzipien der Vertrauens- und Berufshaftung auch bei den MBO-Fällen vorhanden sind, folgt, daß diese Haftungskategorie auch beim MBO greift. Das bedeutet, daß die GmbH-Manager der Vertrauens- und Berufshaftung unterliegen. Ebenso wie die anderen Personen im Rahmen der Vertrauens- und Berufshaftung Aufklärungspflichten haben, treffen dementsprechend auch die GmbH-Manager beim MBO Aufklärungspflichten. Beim MBO in Form des Anteilskaufs bestehen diese gegenüber den Altgesellschaftern. Die GmbH-Manager sind also verpflichtet, ungefragt von sich aus die Altgesellschafter zu informieren.

Damit steht dem Grunde nach die Aufklärungspflicht fest. Sie umfaßt - ebenso wie in den anderen Fällen der Berufshaftung - im Grundsatz alle Umstände, die für die Willensbildung des Aufklärungsbedürftigen, konkret also für den Verkaufsentschluß der Altgesellschafter und die Verkaufsverhandlungen, bedeutsam sind.

Das beantwortet zunächst nur die Frage, *ob* die Manager überhaupt eine Aufklärungspflicht haben. Es sagt jedoch noch nichts darüber, welche Umstände im einzelnen mitzuteilen sind. *Was* beziehungsweise *wieviel* mitzuteilen ist, hat vor allem Bedeutung für die Auflösung des Interessenkonflikts zwischen Altgesellschaftern und Managern hinsichtlich der Kaufpreishöhe[156]. Der Umfang der Aufklärungspflicht wird im 3. Kapitel untersucht.

dd. Zuordnung zu Vertrag oder Delikt?

Die Vertrauens- und Berufshaftung wird weder aus culpa in contrahendo noch aus § 826 BGB hergeleitet; sie bildet vielmehr eine eigenständige Haftungskategorie. Es stellt sich die Frage, ob sie als quasivertraglich oder als deliktisch anzusehen ist. Über das theoretische Interesse hinaus ist die Zuordnung von großer praktischer Bedeutung. Bei deliktischer Einordnung kann sich der Verpflichtete bei Verschulden eingeschalteter Dritter exkulpieren (§ 831 statt § 278 BGB); die Beweislast liegt beim Geschädigten (statt Beweislast nach § 282 BGB und positiver Vertragsverletzung); Ansprüche verjähren in drei Jahren nach § 852 BGB statt in 30 Jahren nach § 195 BGB.

Die Frage der generellen Einordnung der Vertrauens- und Berufshaftung ist noch nicht abschließend geklärt[157]. Zumindest im speziellen Fall der GmbH-Manager sprechen gewichtige Gründe für eine quasivertragliche Einordnung. Denn die Vertrauens- und Berufshaftung der Manager besteht typischerweise nur gegenüber den Altgesellschaftern und nicht gegenüber jedermann. Damit fehlt ein für den absoluten Rechtsgüterschutz des Deliktsrechts charakteristisches Merkmal. Außerdem steht sie in einem engen vertraglichen Zusammenhang, denn die Aufklärungspflichten sind im Rahmen der Verhandlungen über den zwischen den Altgesellschaftern und den Managern abzuschließenden Anteilskaufvertrag zu erfüllen. Die Vertrauens- und Berufshaftung beim MBO ist daher als quasivertragliche Haftungskategorie anzusehen.

---

[156] S. oben 1. Kapitel, B I 2 und B II 2.

[157] *Hopt*, AcP 183 (1983), S. 608, 661 neigt zur deliktsrechtlichen Einordnung; *Grunewald*, JZ 1982, 627, 632 spricht sich gegen eine deliktsrechtliche Einordnung aus.

Für die möglichen Anspruchsgrundlagen der Altgesellschafter gegen die Manager wegen unterlassener Aufklärung[158] - culpa in contrahendo, § 823 II BGB in Verbindung mit § 263 StGB, § 826 BGB - bedeutet dies, daß die deliktischen Anspruchsgrundlagen im Ergebnis nicht anzuwenden sind. Die Altgesellschafter können Schadensersatzansprüche also nur auf culpa in contrahendo stützen.

Im Gegensatz zu den beiden deliktischen Anspruchsgrundlagen bietet culpa in contrahendo für die Altgesellschafter den Vorteil, daß auch Fahrlässigkeit erfaßt wird.

Für die Verjährung des Anspruchs aus culpa in contrahendo sollte jedoch nicht die allgemeine 30-jährige Frist des § 195 BGB gelten, sondern in Analogie zu § 852 BGB eine 3-jährige Frist. Denn anderenfalls würden sich Wertungswidersprüche zum MBO in Form des Vermögenskaufs ergeben. Beim Vermögenskauf[159] unterliegen Manager, die ihre Aufklärungspflicht verletzen, Schadensersatzansprüchen der Ziel-GmbH aus § 43 II GmbHG (5-jährige Verjährung ab Schadenseintritt), aus § 823 II BGB in Verbindung mit §§ 263, 266 StGB und aus § 826 BGB (3-jährige Verjährung ab Kenntniserlangung). Da die Wahl des MBO-Erwerbsmodells - Vermögens- oder Anteilskauf - oft nur von steuerlichen Gesichtspunkten abhängt, wäre es im Ergebnis nicht verständlich, wenn die Manager beim Anteilskauf einer um ein Vielfaches längeren Verjährungsfrist ausgesetzt wären.

3. Rechtsfolgen der Schadensersatzansprüche

Es hat sich gezeigt, daß die Manager beim Anteilskauf verpflichtet sind, die Altgesellschafter über wertbildende Umstände der Ziel-GmbH aufzuklären. Unterlassen sie die Aufklärung schuldhaft, sind die Altgesellschafter aus culpa in contrahendo schadensersatzberechtigt. Nachfolgend wird untersucht, welche Rechtsfolgen sich aus culpa in contrahendo ergeben und in welchem Umfang Schadensersatz beim MBO in Form des Anteilskaufs erlangt werden kann.

---

158 S. oben 2. Kapitel, C I 1.

159 S. oben 2. Kapitel, B II 2, IV und V.

Bei culpa in contrahendo wird regelmäßig nur das negative Interesse ersetzt[160]. Das negative Interesse ist der Vertrauensschaden, also der Schaden, den eine Partei dadurch erleidet, daß sie auf die Erklärungen und Handlungen der anderen Partei vertraut[161]. Der Ersatz des positiven Interesses, also des Nichterfüllungsschadens, ist regelmäßig ausgeschlossen[162]. Vereinzelt wird jedoch aus culpa in contrahendo auch ein Anspruch auf das positive Interesse gegeben[163].

Für die Bedeutsamkeit von negativem und positivem Interesse ist zu unterscheiden zwischen zwei Konstellationen, einerseits den Fällen, in denen kein (wirksamer) Vertrag besteht, und andererseits den Fällen der Vertragswirksamkeit. Der MBO-Anteilskauf gehört dabei zur zweiten Konstellation.

a. *Schädigungsfälle ohne wirksamen Vertrag*

Die Unterscheidung zwischen negativem und positivem Interesse ist bedeutsam in den Schädigungsfällen, in denen es nicht zu einem (wirksamen) Vertrag kommt. Hierher gehört sowohl der Abbruch von Vertragsverhandlungen als auch der scheinbar wirksame Vertragsabschluß[164].

Bei Ersatz des positiven Interesses müßte der Geschädigte so gestellt werden, wie er stehen würde, wenn ein Vertrag wirksam zustande gekommen und erfüllt worden wäre. Hingegen umfaßt das negative Interesse nur die Aufwendungen, die eine Partei im Vertrauen auf den (künftigen) wirksamen Vertragsabschluß gemacht hat, einschließlich der anderweitigen Abschlußmöglichkeiten, die sie versäumt hat. Zu den Aufwendungen im Hinblick auf einen künftigen Abschluß gehören etwa die Kosten der Fahrt zu den Vertragsverhandlungen.

---

160 BGHZ 49, 77, 82; 69, 53, 56; MüKo (*Emmerich*), BGB, Vor § 275, Rz. 194; *Medicus*, Schuldrecht I, § 14 III 1, Rz. 106, 108.

161 *Palandt (Heinrichs)*, BGB, Vorbem. v. § 249, Rz. 17.

162 Vgl. *Erman (Battes)*, BGB, § 276, Rz. 112, 124; *Medicus*, Schuldrecht I, § 58 I, Rz. 669.

163 Vgl. BGH, NJW 1965, 812, 814.

164 S. *Medicus*, Schuldrecht I, § 14 III 1, Rz. 106.

Häufig liegt das negative Interesse unter dem positiven Interesse. Es gibt jedoch auch Fälle, in denen das negative Interesse höher ist. Das zeigt folgendes Beispiel: Es kommt scheinbar zu einem Vertragsabschluß über den Verkauf einer Sache zum Preis von 100; der Vertrag ist jedoch unwirksam; der Verkäufer erkennt das nicht und hält sich für gebunden; daher versäumt er eine spätere Verkaufsmöglichkeit zum Preis von 150. Hier ist das positive Interesse 100, während das negative Interesse 150 beträgt.

Das negative Interesse wird daher bei culpa in contrahendo entsprechend dem Wortlaut der §§ 122 I, 179 II, 307 I 1 BGB häufig[165] begrenzt durch das positive Interesse[166].

Es gibt aber auch Fälle, in denen das negative Interesse gerade in der Erfüllung der (nichtigen) Vertragspflicht besteht. Ein Bürge[167] verbürgt sich etwa formnichtig (§ 766 BGB); der Gläubiger zahlt daraufhin den Kredit an den Hauptschuldner aus; das würde der Gläubiger sehr wahrscheinlich nicht tun, wenn er die Nichtigkeit der Bürgschaft kennen würde; bei Insolvenz des Hauptschuldners besteht das vom Bürgen zu ersetzende negative Interesse also in der Erfüllung seiner (nichtigen) Bürgenschuld.

b. Vertragswirksamkeit

In den Fällen, in denen ein wirksamer Vertrag geschlossen wurde, besteht der Schaden entweder darin, daß eine Partei überhaupt mit einem wirksamen Vertrag belastet ist oder daß sie gerade mit dem konkreten Vertragsinhalt belastet ist.

Ein Schadensersatzanspruch richtet sich hier nach § 249 S. 1 BGB[168]. Herzustellen ist der Zustand, der ohne das Verschulden bestünde[169]. Wenn der Empfänger ohne das Verschulden das Geschäft nicht getätigt hätte, richtet

---

165 Ausnahmen, in denen keine Begrenzung durch das positive Interesse erfolgt: BGHZ 49, 77, 82; 69, 53, 56.

166 S. *Medicus*, Schuldrecht I, § 14 III 1 b, Rz. 108.

167 Beispiel zitiert nach *Medicus*, Bürgerliches Recht, § 9 III 3 c, Rz. 185.

168 BGH, BB 1995, 794, 795; s. auch *Medicus*, Schuldrecht I, § 14 III 2, Rz. 109.

169 BGH, NJW 1981, 2050, 2051.

sich der Anspruch aus culpa in contrahendo daher regelmäßig auf die Auflösung des Vertrages[170].

In den MBO-Fällen, in denen die Altgesellschafter nicht ausreichend über einzelne Vermögensgegenstände oder über Entwicklungsmöglichkeiten der Gesellschaft aufgeklärt werden, lassen sich die Altgesellschafter auf einen zu niedrigen Kaufpreis ein. Ohne das Verschulden der Manager hätten sie bei ihrer Preiskalkulation alle Vermögensgegenstände und Entwicklungsmöglichkeiten der Gesellschaft berücksichtigt. Sie hätten ihre Gesellschaftsanteile zu einem entsprechend höheren Preis verkauft[171]. Hierbei ist davon auszugehen, daß die Manager auch den höheren Kaufpreis bezahlt hätten, da er ja dem wahren Wert des Unternehmens entsprochen hätte.

Der Schaden der Altgesellschafter besteht also in der Differenz zwischen hypothetischem und tatsächlichem Kaufpreis. Nach § 249 S. 1 BGB ist daher die Differenz zu ersetzen.

Das scheint auf den ersten Blick ein Widerspruch zu sein zu dem Grundsatz, daß bei culpa in contrahendo regelmäßig nur der Vertrauensschaden ersetzt wird. Bei näherer Betrachtung ist es aber tatsächlich kein Widerspruch. Denn wenn in den Schädigungsfällen ohne wirksamen Vertrag das negative Interesse ersetzt wird, ist das letztlich auch ein Schadensersatz nach § 249 S. 1 BGB. Wenn der zum Ersatz verpflichtende Umstand, also das Verschulden, nicht eingetreten wäre, hätte die geschädigte Partei nicht auf einen (künftigen) wirksamen Vertragsabschluß vertraut und daher keine Aufwendungen im Hinblick auf den Vertragsabschluß gemacht; ebensowenig hätte sie anderweitige Abschlußmöglichkeiten versäumt. Auch der Vertrauensschaden ist also die Differenz zwischen hypothetischem und tatsächlichem Zustand.

Die Altgesellschafter erleiden ihren Schaden dadurch, daß sie auf die vollständige Aufklärung durch die Manager vertrauen. Die Differenz zum hypothetischen Kaufpreis ist also der Vertrauensschaden.

---

170 *Medicus*, Schuldrecht I, § 14 III 2, Rz. 109. In diesen Fällen stellt sich die Frage nach dem Verhältnis der culpa in contrahendo zu § 123 BGB; zum Streitstand *Medicus*, Bürgerliches Recht, § 6 VII 2, Rz. 150.

171 Zur Schadensberechnung bei Ansprüchen aus culpa in contrahendo vgl. *v. Caemmerer*...

Einige Schwierigkeiten dürfte freilich in der Praxis die Feststellung des hypothetischen Kaufpreises bereiten. Selbst wenn die Parteien den Kaufpreis nach einer bestimmten Kaufpreisformel berechnet haben, ist nicht zwingend davon auszugehen, daß sie dieselbe Formel auf die geänderten Faktoren angewendet hätten. Gegebenenfalls ist der tatsächliche Unternehmenswert durch einen Sachverständigen zu ermitteln.

4. Zusammenfassung

Zusammenfassend läßt sich festhalten, daß Manager gegenüber den Altgesellschaftern beim Anteilskauf verpflichtet sind, ihr werthaltiges Sonderwissen über die GmbH von sich aus zu offenbaren. Diese Pflicht resultiert aus der Vertrauens- und Berufshaftung der Manager. Bei Pflichtverletzung sind die Manager aus culpa in contrahendo schadensersatzpflichtig. Sie haben den Altgesellschaftern die Differenz zwischen tatsächlichem und hypothetischem Kaufpreis, der bei pflichtgemäßer Aufklärung vereinbart worden wäre, zu ersetzen.

II. Verbot des Schlechtredens des Unternehmens im Vorfeld

Im folgenden soll untersucht werden, ob die Manager unmittelbar gegenüber den Altgesellschaftern verpflichtet sind, vor dem Buy-Out schädigende Äußerungen über das Unternehmen unterlassen. Zuerst sind wieder mögliche Anspruchsgrundlagen darzustellen.

1. Mögliche Anspruchsgrundlagen der Altgesellschafter gegen die Manager

Werden die Altgesellschafter dadurch geschädigt, daß infolge von Äußerungen der Manager andere Kaufinteressenten vertrieben werden, die einen höheren Kaufpreis angeboten hätten, kommt zunächst wieder ein Schadensersatzanspruch aus culpa in contrahendo in Betracht. Er setzt voraus, daß die

Manager gerade im Verhältnis zu den Anteilseignern ein Verbot trifft, das Unternehmen schlechtzureden.

Ein Anspruch aus § 823 II BGB in Verbindung mit § 266 StGB würde voraussetzen, daß die Manager eine eigenständige Vermögensbetreuungspflicht gegenüber den Altgesellschaftern hätten. Aus der organschaftlichen Vermögensbetreuungspflicht für die GmbH[172] läßt sich eine solche nicht ableiten; dem steht die durchgängige Trennung des GmbHG zwischen Gesellschafts- und Gesellschaftervermögen[173] entgegen. Mangels sonstiger Ansatzpunkte für eine unmittelbare Pflicht, das Vermögen der Anteilseigner zu betreuen, scheidet § 823 II BGB als Anspruchsgrundlage aus.

Für krasse Fälle kommt schließlich § 826 BGB in Betracht. Abschreckende Äußerungen sind im Verhältnis zu den Altgesellschaftern nur dann sittenwidrig, wenn die Manager ihnen gegenüber zur Unterlassung verpflichtet sind.

2. Grundlagen einer Pflicht, das Unternehmen nicht schlechtzureden

a. Gesellschaftsrecht

Beim MBO in Form des Vermögenskaufs sind abschreckende Bemerkungen über das Unternehmen ein Verstoß gegen die organschaftliche Treuepflicht der Geschäftsführer gegenüber der GmbH (§ 43 GmbHG)[174]. Beim Anteilskauf läßt sich jedoch eine Unterlassungspflicht gegenüber den Anteilseignern ebensowenig aus dem Gesellschaftsrecht herleiten wie eine Aufklärungspflicht.

§ 43 GmbHG regelt nur das Verhältnis zwischen einer GmbH und ihren Geschäftsführern. Das Verhältnis der Geschäftsführer zu den Gesellschaftern ist dort nicht geregelt.

---

172 BGH, wistra 1993, 301; *Schönke/Schröder (Lenckner)*, StGB, § 266, Rz. 25.

173 S. oben 2. Kapitel, C I 2 a cc und dd.

174 S. oben 2. Kapitel, B II 3.

Auch aus der Lehre von den "corporate opportunities" läßt sich die Unterlassungspflicht nicht begründen. Die Anwendung der Geschäftschancenlehre würde bedeuten, daß die Interessen der GmbH als juristischer Person gleichzusetzen wären mit denen ihrer Anteilseigner. Dem steht allerdings das GmbHG mit seiner durchgängigen Trennung beider Interessen entgegen[175].

Schließlich obliegt dem Geschäftsführer eine allgemeine organschaftliche Treuepflicht oder Loyalitätspflicht, aus der eine Unterlassungspflicht folgen würde, nur gegenüber der GmbH, nicht jedoch gegenüber den Gesellschaftern[176].

b. *Vertrauens- und Berufshaftung*

Die Aufklärungspflicht gegenüber den Altgesellschaftern ist ein Resultat der Vertrauens- und Berufshaftung der Manager. Sie verpflichtet die Manager zu einem aktiven Tun. Die Vertrauens- und Berufshaftung erschöpft sich jedoch nicht in der Aufklärungspflicht, sondern bildet deren dogmatische Grundlage. Sie ist aufgrund der Entwicklung durch die neuere Lehre als umfassende Haftungskategorie anzusehen, aus der sich unterschiedliche Berufspflichten ergeben können.

Nachfolgend wird sich zeigen, daß sich aus der Vertrauens- und Berufshaftung auch Unterlassungspflichten ergeben. Dazu gehört insbesondere die Pflicht, schädliche Äußerungen über die GmbH zu unterlassen.

In den Fällen der Ausnutzung eines Informationsvorsprunges hat die Vertrauens- und Berufshaftung eine doppelte Funktion. Erstens leitet sich aus ihr die Verpflichtung an sich ab, das heißt, sie beantwortet die Frage, *ob* überhaupt eine Aufklärungspflicht besteht. Zweitens bestimmt sie, *gegenüber wem* die Pflicht besteht.

Hinsichtlich schädigender Äußerungen über das Unternehmen besteht ein an die Geschäftsführer gerichtetes entsprechendes Verbot bereits, ohne daß es

---

175 Vgl. für die Aktiengesellschaft *Lutter/Wahlers*, AG 1989, 1, 11.

176 S. oben 2. Kapitel, C I 2 a dd.

der Vertrauens- und Berufshaftung bedarf. Das Verbot ergibt sich aus der organschaftlichen Treuepflicht der Geschäftsführer gegenüber der GmbH. Die Frage des "Ob" ist damit beantwortet. Die organschaftliche Treuepflicht bestimmt, daß die Pflicht, abschreckende Äußerungen zu unterlassen, gegenüber der GmbH besteht. Die Vertrauens- und Berufshaftung hat hier nur die Funktion zu bestimmen, daß die Pflicht auch gegenüber den Gesellschaftern besteht. Diese Bestimmung ergibt sich, indem die drei Prinzipien der Aufklärungspflicht analog angewendet werden.

Die drei Prinzipien der Aufklärungspflicht sind die berufliche Sachkunde des einen, die Aufklärungsbedürftigkeit des anderen und das Vertrauen des anderen auf die beruflichen Angaben des Spezialisten. Wesentliche Voraussetzung der Aufklärungspflicht ist das Vorhandensein von Sachkunde.

Wesentliches Kennzeichen der nun untersuchten Konstellation ist das Vorhandensein einer (wenn auch gegenüber einem anderen Rechtsträger bestehenden) Pflicht. Löst man die drei für die Aufklärungspflicht entwickelten Prinzipien von der Sachkunde und wendet sie analog auf (gegenüber einem anderen Rechtsträger bestehende) Pflichten an, ergeben sich folgende drei erweiterte Prinzipien: berufliche Pflicht des einen; der andere bedarf selbst der Pflichtbefolgung; Vertrauen des anderen auf die Befolgung der beruflichen Pflichten durch den Spezialisten.

aa. Berufliche Pflicht des einen

Das Kriterium der beruflichen Sachkunde bei der Aufklärungspflicht dient der Abgrenzung zur rein privaten Sachkunde. Die Vertrauens- und Berufshaftung soll nur im beruflichen, nicht jedoch im privaten Bereich greifen. Entsprechend ist zu verlangen, daß die gegenüber dem anderen Rechtsträger bestehende Pflicht eine berufliche Pflicht ist.

Die Pflicht, schädigende Äußerungen über das Unternehmen zu unterlassen, trifft die Manager gerade in ihrer beruflichen Funktion als Geschäftsführer der Gesellschaft.

bb. *Der andere bedarf selbst der Pflichtbefolgung*

Das Kriterium der Aufklärungsbedürftigkeit begrenzt bei der Aufklärungspflicht den berechtigten Personenkreis. Nur derjenige kann Aufklärung erwarten, der selbst die Sachkunde des Spezialisten braucht. Auf die gegenüber einem anderen Rechtsträger bestehende Pflicht angewendet, bedeutet dies, daß nur derjenige selbst die Befolgung dieser Pflicht erwarten kann, der ihre Befolgung selbst benötigt.

Wenn schädigende Äußerungen über das Unternehmen potentielle Käufer, die einen höheren Kaufpreis für die Gesellschaftsanteile bezahlt hätten, vertreiben, wird nicht nur der Ruf der GmbH geschädigt, sondern unmittelbar das Vermögen der Anteilseigner. Denn sie verlieren die Möglichkeit, für ihre Anteile einen höheren Kaufpreis zu realisieren. Also bedürfen gerade die Altgesellschafter der Befolgung der Pflicht, abschreckende Äußerungen zu unterlassen, durch die Manager. Die Altgesellschafter haben auch keine sonstigen Möglichkeiten, sich vor einem solchen Schaden zu schützen.

cc. *Vertrauen des anderen auf die Befolgung der beruflichen Pflichten durch den Spezialisten*

Bei der Aufklärungspflicht wird nur derjenige geschützt, der auf die beruflichen Angaben des Spezialisten vertraut. Wer nicht vertraut, ist nicht schutzwürdig. Es muß sich dabei um ein gerade in die Berufsausübung gesetztes Vertrauen handeln. Demgemäß greift bei der gegenüber einem anderen Rechtsträger bestehenden Pflicht die Berufshaftung nur, wenn der zu Schützende auf die pflichtgemäße Berufsausübung, also auf die Befolgung der beruflichen Pflichten durch den Spezialisten vertraut.

Die Altgesellschafter haben gemäß § 38 I GmbHG jederzeit die Möglichkeit, einen Geschäftsführer abzuberufen. Sollte nach dem Gesellschaftsvertrag eine Abberufung nur bei wichtigen Gründen möglich sein, würde nach § 38 II GmbHG eine grobe Pflichtverletzung hierfür ausreichen. Schädigende Äußerungen über das Unternehmen sind als grobe Pflichtverletzung anzusehen.

Solange die Gesellschafter einen Geschäftsführer nicht abberufen, vertrauen sie regelmäßig auf seine pflichtgemäße Geschäftsführung. Etwas anderes gilt nur, wenn sie in Kenntnis einer Pflichtverletzung durch ihn von ihrem Abberufungsrecht aus irgendeinem Grund nicht Gebrauch machen.

Ob das allgemeine Vertrauen, das jeder Gesellschafter einem Geschäftsführer solange entgegenbringt, wie jener nicht abberufen wird, für die Anwendung der Berufshaftung bereits ausreicht, erscheint zweifelhaft. Die Frage braucht hier nicht näher erörtert zu werden, da die Altgesellschafter im Vorfeld einer Anteilsveräußerung den Geschäftsführern ein besonderes Vertrauen entgegenbringen. Pflichtwidrige Handlungen der Manager, die einen zu niedrigen Anteilskaufpreis bewirken, schädigen unmittelbar die Gesellschafter. Die Altgesellschafter vertrauen also vor einer Anteilsveräußerung in einem gesteigerten Maß darauf, nicht selbst geschädigt zu werden.

Die analoge Anwendung der drei Prinzipien der beruflichen Aufklärungspflicht ergibt also, daß die Vertrauens- und Berufshaftung greift, wenn die MBO-Manager das Unternehmen vor dem Buy-Out schlechtreden.

Da die Vertrauens- und Berufshaftung als quasivertragliche Haftungskategorie nicht dem Delikts-, sondern dem Vertragsrecht zuzuordnen ist[177], ist § 826 BGB als deliktische Anspruchsgrundlage im Ergebnis hier ebensowenig anwendbar wie bei der Verletzung der Aufklärungspflicht. Die Altgesellschafter können Schadensersatzansprüche wegen abschreckender Äußerungen über das Unternehmen also nur auf culpa in contrahendo stützen.

3. Rechtsfolgen der Schadensersatzansprüche

Durch negative Äußerungen der Manager werden nicht nur die Gesellschafter geschädigt. Auch das Unternehmen selbst und damit die GmbH können Schaden erleiden. Es entstehen also zwei Schäden, ein Gesellschafter- und ein Gesellschaftsschaden.

Äußerungen wie "Die Hälfte des Personals trinkt" oder "Die Altlasten sind in Wirklichkeit noch viel höher als bisher angenommen" bedrohen generell den guten Ruf des Unternehmens. Gleichzeitig können sie sehr konkrete Folgen für die Geschäftstätigkeit des Unternehmens haben. Eine "Altlasten-

177 S. oben 2. Kapitel, C I 2 e dd.

Aussage", die auf erforderliche Sanierungsaufwendungen in größerem Umfang schließen läßt, kann etwa die Kreditwürdigkeit beeinträchtigen. Dies kann sowohl die Gewährung von Bankkrediten als auch von Lieferantenkrediten erschweren. Äußerungen über die Zuverlässigkeit des Personals können bei Kunden Zweifel an der Qualität der Erzeugnisse entstehen lassen mit der Folge, daß Kunden sich einen anderen Lieferanten suchen.

Die Ersatzfähigkeit sogenannter Doppelschäden ist umstritten[178]. Darunter werden solche Schäden des Gesellschaftsvermögens verstanden, die zugleich die Anteile des Gesellschafters entwerten. Der Gesellschafterschaden ist hier kein selbständiger Schaden, sondern bloßer Reflex eines Gesellschaftsschadens. Diese Frage hat jedoch für die vorliegende Untersuchung keine wesentliche Bedeutung, da in den MBO-Fällen bei den Altgesellschaftern ein vom Gesellschaftsschaden unabhängiger Schaden vorliegt. Von einer Erörterung wird daher abgesehen.

Ist Schadensersatz zu leisten, so sind die Altgesellschafter nach § 249 S. 1 BGB so zu stellen, wie sie ohne die abschreckenden Äußerungen der Manager stehen würden. Wenn sich die Manager solcher Äußerungen enthalten hätten und damit potentielle Käufer nicht vertrieben worden wären, hätten die Altgesellschafter neben dem Kaufangebot seitens der Manager weitere Kaufangebote erhalten. Wäre eines dieser Angebote im Preis über dem der Manager gelegen, hätten die Altgesellschafter dieses annehmen können. Oder aber die Manager hätten nachziehen und ihr eigenes Angebot entsprechend erhöhen müssen. Der Schaden der Altgesellschafter besteht also in der Differenz zwischen dem Preis, den ein Dritter zu zahlen bereit gewesen wäre, und dem von den Managern gezahlten Kaufpreis.

In der Praxis dürften hierbei die Schadenshöhe und der Kausalitätsnachweis problematisch sein. Zunächst wird man nur ernsthafte Kaufinteressenten berücksichtigen können. Bereits diese Feststellung kann im Einzelfall Schwierigkeiten machen. Doch selbst bei solchen Kaufinteressenten wird im seltensten Fall der Nachweis gelingen, daß es tatsächlich zum Kaufabschluß mit ihnen gekommen wäre, wenn die Manager ihr Angebot nicht "nachgebessert" hätten. Denn bei einem Unternehmenskauf - sei es in der Form des share deal oder in der Form des asset deal - hängen die endgültige Einigung über den Kauf und der letztlich vereinbarte Kaufpreis von vielen Faktoren ab. Beispielhaft sei nur genannt, daß sich die Parteien in den Vertragsver-

---

178 Zum Streitstand bei der AG vgl. BGH, ZIP 1987, 29, 32 f.

handlungen etwa über die vom Verkäufer zu übernehmenden Gewährleistungen nicht einig werden; oder der Kaufinteressent führt vor dem Erwerb ein Due Diligence-Verfahren, also eine intensive Untersuchung des Unternehmens, durch und stößt hierbei auf Risiken, die ihn von einem Erwerb ganz abhalten oder sich zumindest kaufpreismindernd auswirken.

Doch selbst wenn dieser Nachweis nicht gelingt, ist zu berücksichtigen, daß jeder ernsthafte Kaufinteressent mit seinem Angebot an der "Marktpreisbildung" mitwirkt. Werden alle Kaufinteressenten vertrieben mit der Folge, daß das Angebot der Manager das einzige Angebot ist, findet kein Wettbewerb statt. Folglich kann sich auch kein "Marktpreis" für das Unternehmen bilden.

Beim Schadensnachweis wird man daher den Nachweis ausreichen lassen können, daß die Manager mit ihrer Handlung das Entstehen von Wettbewerb verhindert haben und daß sich bei funktionierendem Wettbewerb ein bestimmter Kaufpreis hätte bilden können. Ein Indiz für diesen ist das höchste Preisangebot oder die höchste unverbindliche Preisindikation seitens eines Dritten.

III. Verbot des "untreuen" Managements im Vorfeld des MBO

Ebenso wie die Manager verpflichtet sind, vor dem Buy-Out schädigende Äußerungen über das Unternehmen zu unterlassen, ergibt sich aus ihrer Vertrauens- und Berufshaftung die Pflicht gegenüber den Altgesellschaftern, das Unternehmen nicht herunterzuwirtschaften. Bei Verstoß haben die Gesellschafter einen Schadensersatzanspruch aus culpa in contrahendo.

Wenn die Geschäftsführer vor der Übernahme die Geschäfte absichtlich schlecht führen, um die Erträge und damit den MBO-Kaufpreis zu senken, handeln sie ihrer organschaftlichen aktiven Förderpflicht zuwider. Sie verletzen damit eine Pflicht gegenüber der GmbH (§ 43 GmbHG), die sie in ihrer beruflichen Funktion als Geschäftsführer trifft. Auf diese gegenüber einem anderen Rechtsträger bestehende berufliche Pflicht lassen sich die Prinzipien anwenden, die bei der Vertrauens- und Berufshaftung im Zusammenhang mit dem Verbot des Schlechtredens des Unternehmens entwickelt wurden[179].

Die Altgesellschafter bedürfen selbst der Befolgung dieser Pflicht. Denn wenn die Manager das Unternehmen herunterwirtschaften und damit wertbildende Faktoren, die Grundlage der Unternehmensbewertung und damit der Kaufpreisbildung wären - wie etwa die Ertragslage -, nach unten manipulieren, wird unmittelbar das Vermögen der Altgesellschafter geschädigt. Das gilt insbesondere für die Fälle, in denen dem Unternehmen die Ertragskraft nicht dauerhaft entzogen wird, sondern aufgrund der Manipulationen, beispielsweise der Periodenverschiebung in die Zukunft, nur die jeweiligen Werte des Referenzzeitraumes manipuliert werden.

Im Vorfeld des MBO vertrauen die Altgesellschafter auch darauf, daß die Geschäftsführer ihre Pflicht erfüllen und die Anteilseigner nicht schädigen. Aufgrund der Vertrauens- und Berufshaftung sind die Manager also auch gegenüber den Anteilseignern verpflichtet, das Unternehmen nicht herunterzuwirtschaften.

Bei Pflichtverletzung haben die Manager aus culpa in contrahendo nach § 249 S. 1 BGB Schadensersatz zu leisten. Der Schaden der Altgesellschafter besteht in der Differenz zwischen dem hypothetischen Kaufpreis, der bei redlicher Unternehmensführung aufgrund der dann vorhandenen wertbildenden Faktoren ermittelt worden wäre, und dem niedrigeren tatsächlichen Kaufpreis.

Schwierig dürfte in der Praxis regelmäßig die Feststellung sein, welche unternehmerischen Maßnahmen gerade noch vom Ermessenspielraum der Geschäftsführer gedeckt sind. Außerdem wird es nicht immer einfach sein nachzuweisen, wie das Unternehmen dastehen würde, wenn bestimmte schädigende Maßnahmen unterlassen worden wären, oder aber wenn unterlassene förderliche Maßnahmen ergriffen worden wären. Wenn man jedoch den Schadensersatzanspruch der Altgesellschafter im Ergebnis nicht leerlaufen lassen will, wird man an den Nachweis keine überzogenen Anforderungen stellen dürfen.

---

179 S. oben 2. Kapitel, C II 2 b.

IV. Geheimhaltungspflicht

Durch die Weitergabe von nicht öffentlichen Unternehmensinterna zur Erstellung eines ersten MBO-Konzeptes verstößt der Geschäftsführer gegenüber der GmbH gegen seine Treuepflicht. Im Gegensatz zu den bisher untersuchten Pflichten folgt aber aus der Vertrauens- und Berufshaftung keine entsprechende Verschwiegenheitspflicht im Verhältnis zu den Anteilseignern.

Zwar ist auch die Verschwiegenheitspflicht gegenüber der GmbH eine Berufspflicht. Allerdings bedürfen die Gesellschafter nicht selbst der Befolgung dieser Pflicht. Denn wenn Manager vertrauliche Unternehmensdaten an Dritte, etwa die Buy-Out-Partner, weitergeben, ist allenfalls eine unmittelbare Schädigung der GmbH möglich. Eine selbständige Schädigung der Gesellschafter im Hinblick auf den Buy-Out ist nicht denkbar. Weder wird die Verhandlungsposition der Altgesellschafter berührt, noch wird die Bewertungsgrundlage für den Kaufpreis beeinflußt. Mangels Schädigungsgefahr sind die Gesellschafter nicht darauf angewiesen, sich auf die Verschwiegenheitspflicht berufen zu können. Die Gesellschafter haben daher keinen eigenen Schadensersatzanspruch, wenn die Manager Unternehmensgeheimnisse unbefugt an die Buy-Out-Partner weitergeben.

V. Ergebnis

Die GmbH-Manager haben gegenüber den Altgesellschaftern beim MBO in Form des Anteilskaufs weitgehend die gleichen Pflichten wie gegenüber der Ziel-GmbH beim Vermögenskauf. Sie sind verpflichtet, ihr werthaltiges Sonderwissen über das Unternehmen von sich aus den Altgesellschaftern zu offenbaren. Sie sind weiter gegenüber den Altgesellschaftern verpflichtet, das Unternehmen im Vorfeld des MBO nicht "schlechtzureden" und damit andere Kaufinteressenten zu vertreiben. Schließlich obliegt ihnen auch unmittelbar gegenüber den Altgesellschaftern ein Verbot, das Unternehmen vor dem MBO herunterzuwirtschaften. Die Pflichten resultieren aus der Vertrauens- und Berufshaftung der Manager. Bei Pflichtverletzungen sind die Altgesellschafter aus culpa in contrahendo schadensersatzberechtigt.

Im Gegensatz dazu trifft die GmbH-Manager gegenüber den Altgesellschaftern - anders als gegenüber der Ziel-GmbH - keine Pflicht, Unternehmensinterna vertraulich zu behandeln.

3. Kapitel Umfang der Aufklärungspflicht

Von den Pflichten der GmbH-Manager gegenüber den Altgesellschaftern beim MBO-Anteilskauf soll die wohl praktisch bedeutsamste, die Aufklärungspflicht, hinsichtlich ihres Umfanges näher untersucht werden.

A. Ausgangspunkt

Auszugehen ist von dem Interessenkonflikt zwischen Altgesellschaftern und Managern hinsichtlich der Höhe des MBO-Kaufpreises. Die Anteilseigner wollen typischerweise - unabhängig vom Motiv ihres Verkaufs - einen möglichst hohen Kaufpreis erzielen. Dagegen hängt für die Manager der Erfolg eines Buy-Out und damit der Umfang ihrer zukünftigen Gewinne nicht zuletzt von einem möglichst niedrigen Kaufpreis ab.

Ein angemessener Kaufpreis läßt sich nur ermitteln, wenn im Grundsatz alle wertbildenden Faktoren sowie die künftige Entwicklung des Unternehmens berücksichtigt werden. Dabei versteht sich, daß bei jedem Vertragspartner die Bewertung der Unternehmensgegenstände und künftigen Entwicklungsmöglichkeiten sehr unterschiedlich ausfallen kann. Es steht jedoch fest, daß die Altgesellschafter nur diejenigen Faktoren in ihre Bewertung einbeziehen können, die sie kennen. Die Aufklärungspflicht hat dabei die Funktion, den Aufklärungsbedürftigen, also den Altgesellschaftern, die für ihre Willensbildung und Unternehmensbewertung erforderlichen Informationen zu verschaffen.

Würde eine uneingeschränkte Aufklärungspflicht bestehen, müßten die Manager ungeachtet ihrer eigenen Interessen alles nur Denkbare, was im weitesten Sinn das Unternehmen betrifft, mitteilen. Dazu könnte im Extremfall sogar die eigene Ansicht der Manager über den Unternehmenswert gehören. Jedenfalls müßten sie Auskunft über all ihre künftigen Pläne und Zusatzgewinne geben. Wenn die Anteilseigner diese künftigen Pläne selbst umsetzen wollen, können sie das Interesse an einer Veräußerung verlieren. Die Aufklärungspflicht, die eigentlich einen "fairen" Buy-Out *ermöglichen* soll, würde den Buy-Out hier *verhindern*.

Da der MBO als Form der Unternehmensübernahme anerkannt ist, ist davon auszugehen, daß die Manager legitimerweise eigene Belange verfolgen dürfen. Sie müssen also ihre eigenen Interessen nicht vollständig zurückstellen.

B. Kriterien

Im folgenden sollen Kriterien für den Umfang der Aufklärungspflicht und damit zugleich für den Interessenausgleich zwischen Altgesellschaftern und Managern untersucht werden.

I. Priorität des Empfängerinteresses; Freiraum des Managements

Ein Kriterium könnte der Grundsatz der Priorität des Empfängerinteresses sein[1]. Dieses Kriterium vermag vielleicht eine Tendenz vorzugeben, hilft aber für die Abgrenzung im konkreten Einzelfall nicht weit. Insbesondere läßt sich damit nicht feststellen, welche Eigeninteressen der Manager im einzelnen als berechtigt anzusehen sind.

Aus den gleichen Gründen trägt auch der Grundsatz, daß dem Management ein bestimmter Freiraum zu gewähren sei[2], wenig zur Abgrenzung bei.

---

1 Vgl. *Baumbach/Hopt*, HGB, § 347, Rz. 30.

2 S. *Weber*, ZHR 155 (1991), 120, 126.

II. Information über werthaltiges Wissen

Zu denken ist an die Formel, daß die Gesellschafter über all jene Tatsachen zu informieren sind, die für den Wert des Unternehmens bedeutsam sind[3]. Die Formel vom werthaltigen Wissen klingt griffig und einfach, verschiebt aber das Problem nur. Denn es gibt keinen absoluten Unternehmenswert; vielmehr kann der Unternehmenswert durch die unterschiedlichsten Faktoren beeinflußt werden. Für die Käufer hängt der Unternehmenswert unter anderem von ihren künftigen Plänen und Zusatzgewinnen ab. Denkbar ist auch, daß sich der Unternehmenswert für die Käufer dadurch erhöht, daß sie - etwa wenn die Buy-Out-Gruppe bereis ein ähnliches Unternehmen besitzt oder zu erwerben plant - Synergien nutzen können. Mangels eines absoluten Unternehmenswertes lassen sich auch die Tatsachen, die für den Wert des Unternehmens bedeutsam sind, nicht absolut bestimmen. Die Formel vom werthaltigen Wissen ermöglicht daher keine sichere Abgrenzung.

III. "Keine Auskunft über künftige Pläne und Zusatzgewinne"; Anstellungsvertrag; Organstellung

In Betracht kommt weiter der Gedanke, daß keine Auskunft über künftige Pläne und künftigen Zusatzgewinn zu geben sei[4]. Gegen diesen Gedanken spricht jedoch, daß ja gerade fraglich ist, ob das Management für sich einen Zusatzgewinn und gegebenenfalls welchen vereinnahmen darf[5].

Auch eine Parallele zu den üblichen Inhalten des Anstellungsvertrags eines Geschäftsführers führt nicht weiter. Aus ihr läßt sich höchstens ableiten, daß der Geschäftsführer die eigenen Interessen dort nicht vollständig zurückzustellen braucht, wo er - wie hier - legitimerweise eigene Belange verfolgt, die jenen der Gesellschaft gegensätzlich sind[6].

---

3 *Koppensteiner*, ZHR 155 (1991), 97, 110.

4 *Koppensteiner*, ZHR 155 (1991), 97, 110.

5 *Weber*, ZHR 155 (1991), 120, 126.

6 S. *Koppensteiner*, ZHR 155 (1991), 97, 110.

Ebensowenig wie aus den üblichen Pflichteninhalten der Organstellung eines Geschäftsführers läßt sich eine Abgrenzung aus berufsethischen Verhaltensmaximen gewinnen[7].

IV. "Corporate opportunities"-Pflichten

Weber[8] schlägt die Entwicklung eines Abgrenzungskriteriums aus den Pflichten vor, die dem Management im Zusammenhang mit den sogenannten "corporate opportunities" auferlegt sind. Danach sei der Freiraum des Managements schmal und die Interessenkollision im Normalfall zugunsten des Target und seiner Gesellschafter zu lösen; das Management sei nur dann frei, soweit es sich außerhalb konkretisierter Beziehungen bewege, die sich aus der - weit verstandenen - realen Geschäftstätigkeit oder aus begründeten Interessen und Erwartungen ergäben. Abgesehen davon, daß sich diese Merkmale nur schwer handhaben ließen, hat dieser Ansatz von *Weber* die Schwierigkeit, daß sich unter "begründeten Interessen und Erwartungen" letztlich alles unterbringen ließe, was die Kaufpreishöhe und damit die Interessen der Altgesellschafter auch nur im entferntesten berühren kann. Daraus läßt sich also keine Abgrenzung herleiten. Außerdem würde die Anwendung der "corporate opportunities"-Pflichten voraussetzen, daß bereits feststeht, daß es sich um "Geschäftschancen" der Gesellschaft beziehungsweise der Altgesellschafter handelt. Aber genau das ist hier die Frage: Ein Abgrenzungskriterium soll ja gerade klären, welche Zusatzgewinne den Altgesellschaftern in Form eines höheren Kaufpreises zustehen. Die "corporate opportunities"-Pflichten führen folglich als Grundlage eines Abgrenzungskriteriums nicht weiter.

V. Vertrauens- und Berufshaftung

Abgrenzungskriterien lassen sich jedoch aus der Vertrauens- und Berufshaftung als der Grundlage der Aufklärungspflicht entwickeln. Die Aufklä-

---

7 Vgl. *Weber*, ZHR 155 (1991), 120, 126.

8 ZHR 155 (1991), 120, 126.

rungspflicht knüpft an das Wissen der Manager an, das diese aufgrund ihrer beruflichen Stellung im Unternehmen haben.

Wissen kann sich - im Gegensatz zu "Wollen" - nur auf *gegenwärtige* Tatsachen, Gegenstände, Ereignisse etc. beziehen, nicht auf *künftige*. Die Aufklärungspflicht erstreckt sich daher grundsätzlich nicht auf künftige Aktivitäten der Gesellschaft. Etwas anderes gilt, wenn bereits die Grundlage für künftige Aktivitäten gelegt wurde. Solche Aktivitäten sind zwar noch nicht gegenwärtig vorhanden, aber bereits gegenwärtig angelegt. Ist noch keine Grundlage gelegt, befindet sich eine künftige Aktivität ausschließlich im Stadium der Planung und damit des "Wollens". Ist eine Grundlage dagegen bereits vorhanden, ist das Stadium der Planung überschritten. Es handelt sich um gegenwärtige Tatsachen, von denen die Manager Kenntnis haben. Eine erste Abgrenzung erfolgt also nach "gegenwärtig vorhanden oder angelegt" einerseits und nach "künftig" andererseits. Dabei versteht sich, daß sich die Aufklärungspflicht nur auf solche Dinge bezieht, die den Unternehmenswert und damit den Kaufpreis beeinflussen können.

"Wissen" ist der Gegenbegriff zu "Vermutung" und "Meinung". Die berufliche Aufklärungspflicht erfaßt damit nur *Kenntnisse* der Manager, nicht ihre eigenen *Vermutungen* oder *Meinungen* über das Unternehmen. Eine zweite Abgrenzung erfolgt daher nach Kenntnissen der Manager einerseits und Vermutungen/Meinungen andererseits.

Nach diesen beiden Abgrenzungskriterien lassen sich die gegenläufigen Interessen von Altgesellschaftern und Managern ausgleichen. Anhand der nachfolgenden Fallgruppen soll veranschaulicht werden, welche Umstände im einzelnen mitzuteilen sind.

C. Anwendung auf Einzelbeispiele

I. Vorhandensein einzelner wertvoller Vermögensgegenstände

Wissen die Manager, daß ein einzelner Vermögensgegenstand vorhanden ist, der gewinnbringend verwertet werden kann, handelt es sich um eine Kenntnis von Tatsachen. Die Tatsache ist auch schon gegenwärtig vorhanden, selbst wenn die Gewinnrealisierung erst künftig erfolgen wird. Die Gesellschafter sind also über das Vorhandensein des Vermögensgegenstandes aufzuklären.

Hierher gehört der Fall des Verlages Kiepenheuer, in dessen Verlagsarchiven unveröffentlichte Manuskripte von Josef Roth lagen, was zwar die Geschäftsführer, nicht aber die Treuhandanstalt wußte. Nach den aus der Vertrauens- und Berufshaftung entwickelten Kriterien waren die Geschäftsführer verpflichtet, die Treuhandanstalt im Rahmen der Kaufpreisverhandlungen über die Manuskripte zu informieren.

Ebenfalls gehört hierher der Fall, daß ein vorhandener Vermögensgegenstand in der Stichtagsbilanz, die zur Grundlage des Kaufpreises gemacht wird, betriebswirtschaftlich und buchhalterisch zulässig mit einem niedrigen Wert bewertet wird, der den wirtschaftlichen Wert unzutreffend wiedergibt. Fließt dieser Vermögensgegenstand in die Kaufpreisbemessung des Unternehmens erkennbar ein, besteht eine Aufklärungspflicht über die Tatsachen, aus denen sich der höhere wirtschaftliche Wert ergibt.

Im Fall des Hochbauunternehmens waren die fertiggestellten, jedoch noch nicht abgenommenen Häuser in der Bilanz auf der Grundlage des Niederstwertprinzips mit den angefallenen Kosten für Löhne und Material bewertet. Wenige Tage nach dem festgelegten Stichtag zur Bemessung des Kaufpreises wurden die Häuser abgenommen und dem solventen Auftraggeber, der Bundesrepublik Deutschland, in Rechnung gestellt. Die Kaufverhandlungen mit der Treuhandanstalt begannen erst danach, und zum Zeitpunkt des Kaufvertragsabschlusses, der rückwirkend auf den festgelegten Stichtag erfolgte, hatte die Bundesrepublik Deutschland den gesamten Rechnungsbetrag bezahlt. Die Differenz zwischen Rechnungs- und bilanziellem Wert war ein Betrag in zweistelliger Millionenhöhe. Die Abnahme und die Fakturierung waren im Zeitpunkt der Vertragsverhandlungen gegenwärtige Tatsachen, von denen die Manager im Gegensatz zur Treuhandanstalt Kenntnis hatten. Hier waren die Manager daher verpflichtet, die Treuhandanstalt über die nach dem Bilanzstichtag erfolgte Abnahme und den Rechnungsbetrag aufzuklären.

II. Bevorstehen eines günstigen Geschäftsabschlusses

Wurden mit einem Kunden Verhandlungen über einen Auftrag geführt, der aber erst zu einem späteren Zeitpunkt erteilt werden soll, ist mit den Verhandlungen bereits die Grundlage für den späteren Geschäftsabschluß gelegt. Der Geschäftsabschluß ist schon gegenwärtig angelegt. Die Geschäftsführer haben daher die Altgesellschafter über den bevorstehenden Geschäftsabschluß und seine Konditionen zu informieren.

Falls eine Gesellschaft täglich viele Aufträge erhält, wäre es weder sachdienlich noch richtig, wenn die Manager gezwungen wären, die Altgesellschafter über jeden einzelnen Auftrag, über den bereits mit einem Kunden gesprochen wurde, aufzuklären. Hier ist die Aufklärungspflicht einzuschränken auf solche bevorstehenden Geschäftsabschlüsse, die angesichts ihrer Bedeutung für die Ziel-GmbH den Unternehmenswert und damit den Kaufpreis beeinflussen können.

Das hängt sowohl vom Umfang des Auftrags als auch von der Größe der Ziel-GmbH ab. Denn ein Auftrag, der für ein größeres Unternehmen zum Tagesgeschäft gehören würde, kann für ein kleineres Unternehmen außergewöhnliche Bedeutung haben. Die Aufklärungspflicht erstreckt sich aber auch auf solche Aufträge, deren Volumen zwar im Verhältnis zur Größe der Gesellschaft eher unbedeutend ist, die aber aus anderen Gründen wertsteigernde Auswirkungen auf die Gesellschaft haben können. Das ist etwa der Fall, wenn ein wichtiger Kunde neu geworben wurde und dieser seinen ersten Auftrag erteilen will. Hier kann selbst ein "kleiner" Auftrag der Einstieg in eine langfristige Lieferbeziehung sein, die den Unternehmenswert erhöhen kann.

III. Vorhandensein stiller Reserven

Das Vorhandensein stiller Reserven deckt sich teilweise mit der Fallgruppe I, dem Vorhandensein einzelner wertvoller Vermögensgegenstände. Stille Reserven sind eine gegenwärtige Tatsache, von der die Manager Kenntnis haben. Wird der Kaufpreis auf der Grundlage von Unternehmensgegenständen gebildet, in deren bilanzieller Bewertung stille Reserven enthalten sind, müssen die Manager von sich aus die Altgesellschafter über die stillen Reserven und deren Höhe informieren.

IV. Längerfristige Entwicklungspotentiale, für die F&E-Investitionen gemacht wurden

Die Manager können längerfristige Entwicklungspotentiale für die Gesellschaft in unterschiedliche Richtungen sehen. Denkbar ist, daß ein vorhandenes Erzeugnis geändert, etwa mit einer neuen Technologie versehen werden könnte, die als zukunftsweisend gilt. Denkbar ist aber auch die Aufnahme eines neuen Erzeugnisses in das Produktprogramm oder sogar die Tätigkeit in einem neuen, gewinnträchtigen Geschäftszweig. Solche Entwicklungspotentiale sind zunächst bloße Geschäfts-chancen, deren Realisierung ungewiß ist. Wenn die Manager jedoch Investitionen für Forschung und Entwicklung (F&E) bereits gemacht oder zumindest im Wirtschaftsplan vorgesehen haben, um die neue Technologie oder das neue Erzeugnis im Unternehmen zu entwickeln, haben sie Vorbereitungen für die Nutzung der Entwicklungspotentiale getroffen. Damit haben sie die Grundlage gelegt. Die Nutzung der längerfristigen Entwicklungspotentiale ist damit gegenwärtig schon angelegt. Es handelt sich nicht mehr nur um Planung oder Spekulation der Manager, sondern um die Kenntnis von gegenwärtigen Tatsachen. Über solche Entwicklungspotentiale müssen die Manager aufklären, und zwar selbst dann, wenn die - in den meisten Fällen wohl eher theoretische - Gefahr besteht, daß die Altgesellschafter diese Entwicklungspotentiale selbst nutzen wollen und daher das Interesse an einer Veräußerung verlieren.

Zwar ließe sich zugunsten der Manager hier gegen die Aufklärungspflicht einwenden, daß das Entwicklungspotential der Gesellschaft in die Kaufpreisbildung werterhöhend einfließt, obwohl zu diesem Zeitpunkt noch unklar ist, ob die technische Entwicklung überhaupt gelingt, und wenn ja, wann. Damit würden die Käufer allein das Risiko der technischen Entwicklung tragen.

Dem ist entgegenzuhalten, daß bei einem Unternehmenskauf typischerweise "die Zukunft" gekauft wird, das heißt, der Käufer erwirbt das unternehmerische Risiko. Daher ist eine Geschäftschance, mit deren Verwirklichung begonnen wurde, auch dann in die Unternehmensbewertung einzubeziehen, wenn ihr Erfolg noch unsicher ist. Die Erfolgsunsicherheit kann durch eine vorsichtige Bewertung entsprechend berücksichtigt werden. Die Aufklärungspflicht erfaßt also auch die Fälle, bei denen das Gelingen der technischen Entwicklung noch ungewiß ist.

V. Ungenutzte Geschäftschancen, für die noch keine Vorbereitungen getroffen wurden

Wurde im Gegensatz dazu noch nicht in die Entwicklung neuer Technologien investiert und auch in anderer Weise die Nutzung einer Geschäftschance nicht vorbereitet, ist gegenwärtig keine Grundlage gelegt. Ob eine Geschäftschance genutzt werden wird, ist ungewiß. Möglicherweise haben die Manager zwar dahingehend schon Pläne für die Zeit nach dem MBO. Da eine gegenwärtige Grundlage aber fehlt, sind die Manager nicht verpflichtet, die Altgesellschafter darüber zu informieren.

Fälle, in denen die Manager eine Geschäftschance bewußt ungenutzt lassen, um den Kaufpreis nicht in die Höhe zu treiben, lassen sich über das aus der Vertrauens- und Berufshaftung entwickelte Verbot des "untreuen" Managements im Vorfeld des MBO lösen. Wenn es einer ordentlichen Unternehmensführung entspräche, eine Geschäftschance zu nutzen, machen sich die Manager danach schadensersatzpflichtig.

VI. Geschäftschancen, die die Anteilseigner nicht selbst nutzen könnten

Im Hinblick auf die begrenzten Finanzierungsmöglichkeiten der Manager dürfte ein eher theoretischer Fall sein, daß die Buy-Out-Gruppe bereits ein anderes ähnliches Unternehmen besitzt oder zu erwerben plant. In einem solchen Fall können sich aus der Kombination beider Unternehmen Geschäftschancen ergeben, die den Unternehmenswert der Ziel-GmbH für die Manager erhöhen. Zu denken ist an die Nutzung von Synergien. Denkbar ist auch die Erzielung von Steuerersparnissen durch die Nutzung etwaiger Verlustvorträge der Ziel-GmbH in der Neu-GmbH. Solche Geschäftschancen lassen sich nur durch die Käufer nach dem Buy-Out nutzen. Die Altgesellschafter haben hingegen keine Realisierungsmöglichkeiten. Hier werden die Manager vor dem Buy-Out keinerlei Vorbereitungen für die Realisierung treffen. Dementsprechend brauchen sie auch über ihre erzielbaren Zusatzgewinne nicht zu informieren.

VII. Geplante Aktivitäten nach Durchführung des MBO

Außer der Nutzung von Entwicklungspotentialen oder anderen Geschäftschancen können die Manager weitere Pläne für die Zeit nach der Durchführung des MBO haben.

1. Veräußerung nicht betriebsnotwendigen Vermögens

Die Manager können die Veräußerung nicht betriebsnotwendiger Vermögensgegenstände, etwa eines ungenutzten Grundstücks, planen. Eine solche Veräußerung kann zur Erzielung zusätzlichen Cash-Flows und damit zur schnelleren Rückzahlung der Kredite sinnvoll sein. Wenn noch keine konkreten Schritte zur Vorbereitung der Veräußerung unternommen wurden, ist die Grundlage für die spätere Veräußerung nicht gelegt. Die Manager müssen über ihre geplante Aktivität nicht informieren. Wenn durch die Veräußerung stille Reserven aufgedeckt werden, müssen diese - nicht dagegen die geplante Veräußerung - als gegenwärtige Tatsache offenbart werden[9].

2. Restrukturierungsmaßnahmen

Gelegentlich werden die Manager vorhaben, nach dem Buy-Out das Unternehmen zu restrukturieren. Sollen die Kosten gesenkt werden, ist die Entlassung von Mitarbeitern oder die Einstellung eines verlustbringenden Erzeugnisses denkbar. Die Kostenreduzierung kann zu einer Steigerung des Unternehmenswertes führen. Wenn im Hinblick auf die Entlassungen schon Gespräche mit dem Betriebsrat geführt wurden, ist die Grundlage gelegt. Das gleiche gilt, falls etwa zur Vorbereitung der Erzeugniseinstellung langfristige Einkaufs- oder Lieferverträge gekündigt wurden. In diesen Fällen haben die Manager über die geplanten Restrukturierungsmaßnahmen und Kostensenkungen zu informieren. Ist gegenwärtig noch keine Grundlage gelegt, entfällt eine Aufklärungspflicht.

VIII. Eigene Ansicht des Managements über den Unternehmenswert

Schließlich stellt sich die Frage, ob sich die Manager darüber äußern müssen, wie sich der Wert des Unternehmens nach ihrer Auffassung darstellt. Die eigene Ansicht der Manager ist eine Meinung, kein Wissen. Auf ihre persönliche Meinung erstreckt sich die Aufklärungspflicht nicht. Die Manager brauchen sich daher über ihre eigene Auffassung nicht zu äußern. Damit brauchen sie auch ihren eigenen Grenzpreis nicht zu nennen.

Die Altgesellschafter werden ausreichend geschützt, wenn sie über die relevanten Tatsachen informiert werden. Es ist dann Sache der Altgesellschafter, auf dieser Basis ihre Bewertung vorzunehmen, gegebenenfalls unter Zuziehung entsprechender Berater.

---

9 S. oben 3. Kapitel, C III.

IX. Ergebnis

Aus der Vertrauens- und Berufshaftung ergeben sich zwei Abgrenzungskriterien, nämlich „gegenwärtig - künftig“ sowie „Kenntnisse - Vermutungen/Meinungen“. Nach diesen beiden Kriterien läßt sich der Umfang der Aufklärungspflicht der Manager bestimmen und damit insoweit der Interessenkonflikt zwischen Managern und Altgesellschaftern lösen.

Schlußbetrachtung und Ausblick

GmbH-Manager befinden sich im Vorfeld eines Management Buy-Out in einem Interessenkonflikt. Sie können durch unterschiedliche Handlungen ihre eigenen Interessen voranstellen und dadurch die Ziel-GmbH oder deren Altgesellschafter schädigen. Der Interessenkonflikt läßt sich nur teilweise durch Maßnahmen vor dem Buy-Out oder durch vertragliche Gestaltung abschwächen. Beim Vermögenskauf bestehen gesellschafts- und deliktsrechtliche Schadensersatzansprüche der Ziel-GmbH. Beim Anteilskauf setzen Schdensersatzansprüche der Altgesellschafter voraus, daß die GmbH-Manager Pflichten verletzen, die ihnen unmittelbar gegenüber den Altgesellschaftern obliegen.

Die vorliegende Arbeit hat insoweit gezeigt, daß die Manager mehrere Pflichten gegenüber den Altgesellschaftern haben. In erster Linie ist das ihre Aufklärungspflicht hinsichtlich des Sonderwissens, das sie über die Ziel-GmbH haben. Daneben sind sie verpflichtet, vor dem Buy-Out "untreues" Management zu unterlassen sowie das Unternehmen nicht "schlechtzureden". Demgegenüber haben sie keine Geheimhaltungspflicht gegenüber den Altgesellschaftern.

Bei der Aufklärungspflicht stellt sich die Frage nach dem Umfang. Mitzuteilen sind zunächst alle gegenwärtig vorhandenen Tatsachen, die den Unternehmenswert und damit den Kaufpreis beeinflussen können. Außerdem sind alle künftigen Tatsachen und Ereignisse mitzuteilen, für die gegenwärtig schon eine Grundlage gelegt ist. Ihre eigene Ansicht über den Unternehmenswert brauchen die Manager nicht zu offenbaren.

Es wird nicht verkannt, daß die Befolgung der Pflichten den Buy-Out für die Manager im Einzelfall verteuern und damit erschweren kann. Dies ist jedoch hinzunehmen, wenn man einen Interessenausgleich zwischen Altgesellschaftern und GmbH-Managern erreichen will. Daß der Management Buy-Out als spezielle Form des Unternehmenskaufs dadurch generell an Attraktivität verliert, ist nicht zu befürchten. Im Gegenteil wird das Vertrauen von Verkäufern und Käufern in diese Übernahmeform steigen, wenn der Ausgleich ihrer gegenläufigen Interessen sichergestellt ist.

Literaturverzeichnis

Adams, Michael: Der Markt für Unternehmenskontrolle und sein Mißbrauch, AG 1989, 333 ff.

Assmann, Heinz-Dieter: Prospekthaftung als Haftung für die Verletzung kapitalmarktbezogener Informationspflichten nach deutschem und US-amerikanischem Recht, Köln, Berlin, Bonn, München 1985 (zit.: *Assmann*, Prospekthaftung).

Assmann/Schütze: Handbuch des Kapitalanlagerechts, 2. Aufl. München 1997 (zit.: *Assmann/Schütze (Otto)*, Handbuch).

Ballerstedt, Kurt: Zur Haftung für culpa in contrahendo bei Geschäftsabschluß durch Stellvertreter, AcP 151 (1951), 501 ff.

Bar, Christian v.: Verkehrspflichten: Richterliche Gefahrsteuerungsgebote im deutschen Deliktsrecht, Köln, Berlin, Bonn, München 1980 (zit.: *v. Bar*, Verkehrspflichten).

Baumbach/Hopt: Handelsgesetzbuch, 29. Aufl. München 1995 (zit.: *Baumbach/Hopt*, HGB).

Baumbach/Hueck: GmbH-Gesetz: Gesetz betreffend die Gesellschaften mit beschränkter Haftung, 16. Aufl. München 1996 (zit.: *Baumbach/Hueck (Bearbeiter)*, GmbHG).

Canaris, Claus-Wilhelm: Die Vertrauenshaftung im deutschen Privatrecht, München 1971.

Craushaar, Götz v.: Haftung aus culpa in contrahendo wegen Ablehnung des Vertragsabschlusses - BGH, LM § 276 (Fa) BGB Nr. 28, JuS 1971, 127 ff.

Diskussionsbericht zu den Referaten *Koppensteiner*, *Weber* und *Ebke* (Diskussionsleitung: *Prof. Dr. Werner*), ZHR-Symposion über Gesellschaftsrecht im Januar 1991 in Bad Nauheim, ZHR 155 (1991), 163 ff.

Ebenroth/Lange: Sorgfaltspflichten und Haftung des Geschäftsführers einer GmbH nach § 43 GmbHG, GmbHR 1992, 69 ff.

Erman, Walter: Handkommentar zum Bürgerlichen Gesetzbuch, Bd. 1, 9. Aufl. Münster 1993 (zit.: *Erman (Bearbeiter)*, BGB).

Fleck, Hans-Joachim: Die Drittanstellung des GmbH-Geschäftsführers, ZHR 149 (1985), 387 ff.

Gondesen, Helge: Rechtliche Aspekte des Management Buy-Out, WM 1989, 201 ff.

Großfeld, Bernhard: Unternehmens- und Anteilsbewertung im Gesellschaftsrecht: Zur Barabfindung ausscheidender Gesellschafter, 3. Aufl. Köln 1994 (zit.: *Großfeld*).

Grunewald, Barbara: Zur Haftung von Fachleuten im Zivilrechtsverkehr, JZ 1982, 627 ff.

Haas, Ulrich: Geschäftsführerhaftung und Gläubigerschutz: Unternehmerische Verhaltenspflichten des GmbH-Geschäftsführers zum Schutz Dritter, München 1997 (zit.: *Haas*).

Habersack, Mathias: Die Mitgliedschaft - subjektives und „sonstiges" Recht, Tübingen 1996 (zit.: *Habersack*).

Hachenburg, Max: Gesetz betreffend die Gesellschaften mit beschränkter Haftung (GmbHG), Bd. 2 (§§ 35 - 52) und Bd. 3 (§§ 53 - 85), 8. Aufl. Berlin, New York 1997 (zit.: *Hachenburg (Bearbeiter)*, GmbHG).

ders.: Kommentar zum Gesetz betreffend die Gesellschaften mit beschränkter Haftung, Bd. 2 (§§ 35 - 84), 6. Aufl. Berlin 1959 (zit.: *Hachenburg (Bearbeiter)*, GmbHG, 6. Aufl.).

Hauschka, Christoph E.: Wirtschaftliche, arbeits- und gesellschaftsrechtliche Aspekte des Management Buy-Out, BB 1987, 2169 ff.

Heymann, Ernst: Handelsgesetzbuch, Bd. 2 (§§ 105 - 237), 2. Aufl. Berlin, New York 1996 (zit.: *Heymann (Bearbeiter)*, HGB).

Hitschler, Werner: Leveraged (Management-) Buyouts: Bestimmungsfaktoren, Finanzierung und rechtliche Gestaltungsmöglichkeiten in der Bundesrepublik Deutschland, BB 1990, 1877 ff.

Hohloch, Gerhard: „Vertrauenshaftung" - Beginn einer Konkretisierung?, NJW 1979, 2369 ff.

Hopt, Klaus J.: Der Kapitalanlegerschutz im Recht der Banken, München 1975.

ders.: Nichtvertragliche Haftung außerhalb von Schadens- und Bereicherungsausgleich, AcP 183 (1983), 608 ff.

Hübner, Ulrich: Vertrag mit Schutzwirkung für Dritte und Ersatz von Vermögensschäden, VersR 1991, 497 ff.

Hüffer, Uwe: Organpflichten und Haftung in der Publikums-Personengesellschaft - Besprechung der Entscheidungen BGH BB 1980, 546 und BGHZ 75, 321, ZGR 1981, 348 ff.

Immenga, Ulrich: Die personalistische Kapitalgesellschaft, Bad Homburg 1970 (zit.: *Immenga*).

Kion, Hans-Jürgen: Die Haftung des GmbH-Geschäftsführers, BB 1984, 864 ff.

Klamroth, Sabine: Vertretung der Gesellschaft bei Verträgen mit einem geschäftsführenden Gesellschafter, BB 1975, 851 f.

Koppensteiner, Hans-Georg: GmbH-rechtliche Probleme des Management Buy-Out, ZHR 155 (1991), 97 ff.

Kübler/Waltermann: Geschäftschancen der Kommanditgesellschaft - Besprechung der Entscheidung BGH ZIP 1989, 986 ff -, ZGR 1991, 162 ff.

Lammel, Siegbert: Zur Auskunftshaftung, AcP 179 (1979), 337 ff.

Lennardt/Stefanovic: Management-Buy-Out: Vorbereitung und Umsetzung in den neuen Bundesländern. Ein Leitfaden, Düsseldorf 1993 (zit.: *Lennardt/Stefanovic*).

Lütjen, Gerd: Management Buy-out: Firmenübernahme durch Management und Belegschaft, Frankfurt am Main, Wiesbaden 1992 (zit.: *Lütjen*).

Lutter/Hommelhoff: GmbH-Gesetz, 14. Aufl. Köln 1995 (zit.: *Lutter/Hommelhoff*, GmbHG).

Lutter/Wahlers: Der Buyout: Amerikanische Fälle und die Regeln des deutschen Rechts, AG 1989, 1 ff.

Medicus, Dieter: Bürgerliches Recht, 18. Aufl. Köln, Berlin, Bonn, München 1999 (zit.: *Medicus*, Bürgerliches Recht).

ders.: Schuldrecht I. Allgemeiner Teil, 11. Aufl. München 1999 (zit.: *Medicus*, Schuldrecht I).

ders.: Schuldrecht II. Besonderer Teil, 8. Aufl. München 1997 (zit.: *Medicus*, Schudrecht II).

Mertens, Hans-Joachim: Deliktsrecht und Sonderprivatrecht - Zur Rechtsfortbildung des deliktischen Schutzes von Vermögensinteressen, AcP 178 (1978), 227 ff.

Mestmäcker, Ernst-Joachim: Verwaltung, Konzerngewalt und Rechte der Aktionäre: Eine rechtsvergleichende Untersuchung nach deutschem Aktienrecht und dem Recht der corporations in den vereinigten Staaten, Karlsruhe 1958 (zit.: *Mestmäcker*).

Meyer-Landrut/Miller/Niehus: Gesetz betreffend die Gesellschaften mit beschränkter Haftung (GmbHG) einschließlich Rechnungslegung zum Einzel- sowie zum Konzernabschluß, Berlin, New York 1987 (zit.: *Meyer-Landrut/Miller/Niehus*, GmbHG).

Münchener Kommentar zum Bürgerlichen Gesetzbuch,

Bd. 1 Allgemeiner Teil, 3. Aufl. München 1993,

Bd. 2 Schuldrecht, Allgemeiner Teil, 3. Aufl. München 1994,

Bd. 5 Schuldrecht, Besonderer Teil III (§§ 705 - 853), 3. Aufl. München 1997

(zit.: MüKo *(Bearbeiter)*, BGB).

Palandt, Otto: Bürgerliches Gesetzbuch, 58. Aufl. München 1999 (zit.: *Palandt (Bearbeiter)*, BGB).

Piltz, Detlev: Die Unternehmensbewertung in der Rechtsprechung, 3. Aufl. Düsseldorf 1994 (zit.: *Piltz*).

Plander, Harro: Rechtsgeschäfte zwischen Gesamtvertretern, DB 1975, 1493 ff.

Reich, Norbert: Die zivil- und strafrechtliche Verantwortlichkeit des faktischen Organmitgliedes im Gesellschaftsrecht, DB 1967, 1663 ff.

Rössner, Michael-Christian: Anmerkung zu BGH, Urt. v. 16.2.1981 - II ZR 179/80, BB 1981, 696 ff.

Rojan, Walter: Management Buy-Out in den neuen Bundesländern, PERSONAL 1993, Heft 11, 524 ff.

Rowedder, Heinz u.a.: Gesetz betreffend die Gesellschaften mit beschränkter Haftung (GmbHG), 3. Aufl. München 1997 (zit.: *Rowedder (Bearbeiter)*, GmbHG).

Sandberger, Andreas: Die Außenhaftung des GmbH-Geschäftsführers, Baden-Baden 1997 (zit.: *Sandberger*).

Schießl, Maximilian: Die Wahrnehmung von Geschäftschancen der GmbH durch ihren Geschäftsführer, GmbHR 1988, 53 ff.

Schmidt, Karsten: Gesellschaftsrecht, 3. Aufl. Köln, Berlin, Bonn, München 1997 (zit.: *K. Schmidt*, GesR).

Schneider, Uwe H.: „Kapitalmindernde Darlehen" der GmbH an ihre Gesellschafter - Zugleich ein Beitrag zu den rechtlichen Grenzen der Finanzierung des Leveraged/Management Buy out, in: Festschrift für Georg Döllerer, Düsseldorf 1988, S. 537 ff (zit.: *Schneider*, Festschrift für Döllerer).

Schönke/Schröder: Strafgesetzbuch, 25. Aufl. München 1997 (zit.: *Schönke/Schröder (Bearbeiter)*, StGB).

Scholz, Franz: Kommentar zum GmbH-Gesetz,
Bd. I (§§ 1 - 44), 8. Aufl. Köln 1993,
Bd. II (§§ 45 - 85), 8. Aufl. Köln 1995
(zit.: *Scholz (Bearbeiter)*, GmbHG).

Schwark, Eberhard, Grundsätzliche Fragen einer Überarbeitung des Schuldrechts des BGB, JZ 1980, 741 ff.

Soergel, Hans Theodor: Bürgerliches Gesetzbuch mit Einführungsgesetz und Nebengesetzen, Bd. 2 Schuldrecht I, 12. Aufl. Stuttgart, Berlin, Köln 1990 (zit.: *Soergel (Bearbeiter)*, BGB).

Staudinger, J. v.: Kommentar zum Bürgerlichen Gesetzbuch,
§§ 433 - 534: 13. Bearbeitung Berlin 1995
(zit.: *Staudinger (Bearbeiter)*, BGB),
§§ 433 - 580 a: 12. Aufl. Berlin 1978
(zit.: *Staudinger (Bearbeiter)*, BGB, 12. Aufl.).

Sudhoff/Sudhoff: Der Gesellschaftsvertrag der GmbH: Systematischer Kommentar mit Formular- und Texthandbuch, 8. Aufl. München 1992 (zit.: *Sudhoff*).

Tröndle, Herbert: Strafgesetzbuch und Nebengesetze, 49. Aufl. München 1999 (zit.: *Tröndle*, StGB).

Weber, Dolf: GmbH-rechtliche Probleme des Management Buy-Out, ZHR 155 (1991), 120 ff.

Weisser, Johannes: Corporate Opportunities: zum Schutz der Geschäftschancen des Unternehmens im deutschen und im US-amerikanischen Recht, Köln, Berlin, Bonn, München 1991 (zit.: *Weisser*).

Westermann, Harm Peter: Anmerkung zu BGH, Urt. v. 16.1.1991 - VIII ZR 335/89, EWiR 1991, 245 f.

Wollny, Paul: Unternehmens- und Praxisübertragungen: Kauf, Verkauf, Anteilsübertragung, Nachfolgeregelungen in Zivil- und Steuerrecht, 3. Aufl. Herne, Berlin 1994 (zit.: *Wollny*).

Hanno Merkt

Beiträge zur Börsen- und Unternehmensgeschichte

Frankfurt/M., Berlin, Bern, Bruxelles, New York, Oxford, Wien, 2001. 382 S.
ISBN 3-631-37284-1 · br. DM 98.–*

Börsengeschichte und Unternehmensgeschichte sind nicht allein Teilgebiete der allgemeinen Wirtschaftsgeschichte. Auch für die Rechtswissenschaft – und hier natürlich insbesondere für das Wirtschaftsrecht – sind sie von nicht zu unterschätzender Bedeutung, namentlich etwa im Rahmen der rechtspolitischen Diskussion um die Reform des Rechts oder für Fragen der Gesetzesauslegung. Die hier versammelten, mehrheitlich bereits in juristischen Fachpublikationen veröffentlichten Beiträge stammen aus der Feder eines Juristen und sollen auf diesem Wege einer breiteren, auch wirtschaftshistorisch interessierten Leserschaft zugänglich gemacht werden. Die Beiträge spiegeln das Verständnis eines Juristen für die historischen Entwicklungen und Zusammenhänge in den behandelten Bereichen wider. Dabei sind Darstellung und Akzentsetzung von dem Bestreben geleitet, die Entstehung des heutigen Rechts und der heutigen Institutionen für ein Publikum ohne vertiefte Kenntnis der Wirtschaftsgeschichte zu erklären und nachvollziehbar zu machen.

Aus dem Inhalt: Die Geschichte der Unternehmenspublizität in Deutschland, Europa und den USA · Die Geschichte des deutschen Börsenrechts von den Anfängen bis zum zweiten Finanzmarktförderungsgesetz von 1994 · Die Geschichte des US-amerikanischen Gesellschaftsrechts · Die Geschichte der Namensaktie

FSC
www.fsc.org
MIX
Papier | Fördert
gute Waldnutzung
FSC® C083411

Kolibri 360 GmbH
Ferdinand-Jühlke-Straße 7
99095 Erfurt, Deutschland
produktsicherheit@kolibri360.de

Druck:
CPI Druckdienstleistungen GmbH
im Auftrag der
Kolibri 360 GmbH
Ferdinand-Jühlke-Str. 7
99095 Erfurt